JN439144

시간의 켜

한후남 수필집

교음사

내 안의 길 내기

오랫동안 길은 몸 밖에 있는 줄 알았습니다.

그간 써 놓은 글들을 정리하면서 제가 찾던 길이 바로 그 안에 있었다는 걸 뒤늦게 깨닫습니다.

등단 후, 10여 년 만에 책을 냅니다. 주변에서는 늦었다고들 하나, 저는 아직도 여물지 못한 글을 내놓기가 부끄러울 따름입니다. 더구나 과분한 혜택(문예진흥기금)을 받고 보니 첫발을 내딛던 때보다도 더 두려운 마음이 앞섭니다.

'왜 쓰는가?' 하는 화두를 붙잡고 줄곧 자유롭지 못했습니다. 그러나 글 쓰는 동안만큼은 순일한 시간이었습니다. 출구 없는 어둠 속에서도 희미한 빛줄기는 늘 글과 함께 찾아왔으니까요.

지천명을 넘기니 보이지 않던 것들이 조금씩 눈에 들어옵니다. 사람의 성정(性情)만큼 오묘한 것도 없다는 생각이 듭니다. 말하자면 잃어버린 인간의 참모습을 그리워하는 것이겠지요. 사람들과의 소통으로, 삶의 본질을 깨닫고자 합니다. 또한 그런 글쓰기를 평생의 소임으로 삼고자 합니다. 그리고 다시 초심으로 돌아가렵니다.

아직껏 품어주시는 부모님과 전폭적인 지지를 해주는 남편과 아이들, 자신의 일처럼 꼼꼼하게 교정을 봐준 문우들에게 고마움을 전합니다. 바쁜 시간을 내서 보잘것없는 글을 따뜻하게 읽어주신 김열규 교수님과 출판을 맡아 주신 강석호 회장님께도 깊은 감사를 드립니다.

2005년 11월

저자 한혜남

차례

2. 5월의 데이트

3. 선사의 땅을 밟다

4. 불꽃 삭이기

5. 그리운 단오절

6. 상생의 땅, 인도

1

시간의 켜

- 시간의 켜
- 남편의 눈물
- 소나무
- 공작선인장
- 못다 운 울음
- 나는 왜 작은 일에만 분개하는가
- 꼬맹이 음악회
- 할머니
- 세상구경
- 5월 단상(斷想)
- 엄마의 방

시간의 켜

오랫동안 알고 지낸 시인이 시집을 보내왔다. 『제1초소, 새들 날아가다』 제목부터 예사롭지 않았다. 그녀가 건너온 푸른 시간들이 사금파리처럼 행간에 촘촘히 박혀있었다.

하늘을 까맣게 뒤덮었던 갈가마귀 떼가 일시에 날아가 버린 걸까, 방죽에 서서 그림자를 쫓는 허탈한 그녀의 모습이 떠오른다. 마지막 책장을 덮자 시집에 배인 음울한 그림자가 나를 덮쳐왔다.

그녀는 속이 많이 상하면서도 배시시 웃음을 흘리며 대수롭지 않은 표정을 짓지만 쓸쓸한 웃음 끝에서는 깊은 한숨이 묻어나곤 하였다.

치매가 심한 그녀의 시아버지는 무작정 집을 뛰쳐나가서 종종 파출소 신세를 졌다. 그럴 때는 혼비백산 시아버지를 찾아 온종일 동네를 헤매게 된다. 그러나 언제나 별 말이 없이 몇 년 동안이나 시아버지 병 수발을 해온 그녀였다.

어디 그 뿐이랴.

남편의 그것과 똑같이 생긴 그것을
본 저녁은 별 하나 없는,
하늘이 나뭇잎 위에 내려 앉고 있었다
때로는 불뚝불뚝 일어서서 스러지는 그것
내가 그의 어머니가 되고, 아내가 되어
축축한 아랫도리를
쓸어 올려 드린 적도 있었지, 아마

– 조연향, 「그것을 보았다」 중에서

남편의 직장 때문에 어쩔 수 없이 그들은 주말 부부로 살고 있다. 그녀는 하루에도 수차례씩 옷을 입은 채로 배설하는 시아버지 시중을 오로지 혼자 들고 있었다.

나의 친정어머니도 그랬었다. 아버님은 지방 근무를 하셨고 겨우 한 달에 두어 번 정도 집에 오셨다. 집안에 할아버지 시중드는 열댓 살 먹은 처녀애가 있었으나 막상 고약한 냄새를 풍기는 배설물 뒤처리는 어머니 차지였다. 똥칠한 시아버지의 사타구니를 씻겨드리며 맏며느리는 몸 둘 바를 몰라 쩔쩔매었다. 중풍으로 쓰러지신 시아버지를 5년 넘게 간병하면서 가장 곤혹스러워 했던 일이었다. 차라리 치매라도 걸려 의식이 혼미하다면 모를까, 할아버지는 또렷한 정신으로, 허물어져 가는 자신의 육체를 바라보며 괴로워하셨다. 높은 학식과 고매한 인품으로 평생을 꼿꼿하게 살아오신 어른이었다. 목욕을 시켜드리며 어머니는 간곡하게 기도 드렸다고 했다. 시아버지가 목숨보다 더 소중하게 여겨온 자존심을 더 이상 실추시키지 않는 길은, 하루라도 빨리 돌아가시는 일이라고…. 그러나 인명은 재천이라 어머니의 간절한 염원과는 달리 할아버지는 2년 넘게 자리보존을 하다 돌아가셨다. 임종 때까지도 맑은 정신으로 머리맡의 손때 묻은 한시집(漢詩集)들을 두루 다 어루만져 보고 모여 앉은 자식들 손을 고루 잡아보며 눈을 감으셨다. 49재 내내 어머니는 속죄의 울음을 그치지 않았다. 병구완에 꾀가 나서 그 어른의 자존심을 빌미 삼아 자신조차도 속였다고, '개똥밭에 굴러도 이승이 좋은 건데, 내가 생각이 짧았다…' 어머니의 참회의 눈물은 끝없이 흘러 내렸다. 그때의 어머니 연세가 지금의 내 나이 무렵이었던 걸로 기억된다.

시집(詩集) 속에 끈끈하게 배어있는 올곧은 여인의 몸부림이 어느덧 나의 발길을 낙동강 가로 이끌었다.

간밤에 뿌린 비에 흙이 촉촉해져 걸음마다 발자국이 선명하게 찍힌다. 부곡 쪽으로 새로 놓인 다리가 낯설게 떠있다. 섬뜩한 푸른 칠이 잿빛으로 물든 들녘을 거부하는 것만 같다.

강의 상류를 바라다본다. 저녁노을을 품은 겹겹의 능선이 내가 건너온 무수한 시간의 켜처럼 느껴졌다. 나직나직한 능선은 무난하게 넘어왔을 평화로운 시간일 테고, 가파른 봉우리에서는 힘에 겨워 더러는 포기하고 주저앉았을 것이다. 참담했던 고비 고비의 기억으로 가슴속이 알알해져 온다. 남편과의 첫 만남, 헤어질 뻔했던 위기의 순간, 첫딸의 산고, 득남의 기쁨, 집 장만, 수필 등단, 남편의 승진과 이직 등등. 아름답고 행복했던 시간과 슬프고 아리던 시간이 씨줄 날줄로 짜여 오늘의 내가 이 자리에 있는 것이다.

물결이 헤집어놓은 무늬가 발밑에 현란하게 번져있다. 센 물굽이에서는 큰 굴곡을 남기고 잔 물살은 촘촘한 빗살무늬를 빚어놓았다.

나는 어떤 물살에 실려 이곳에 당도했을까. 과연 순간순간에 충실했는가 뼈저린 자문을 해본다. 게으르고 소심하고 부정적인 성격 탓에 주변 사람들에게 고통과 상처를 주지는 않았는지, 내 체면치레를 한답시고 아이들 여린 마음에 상흔을 남기지는 않았는지. 타고난 내 옹졸함 때문에 정이 넘치는 남편을 혹여 허전하게 하지는 않았는지. 이 순간에도 내가 남긴 발자국들이 고스란히 쌓여 시간의 나이테를 더하고 있다.

남편의 눈물

그가 눈물 흘리는 것을 나는 세 번 보았다.

남자는 일생을 살면서 태어날 때와 부모상을 당할 때 이외에는 울어서는 안 된다는 예로부터의 우리 민족정서로 보면 이미 그는 변변치 못한 남자로 간주되기 십상이다.

그러나 눈가가 마를 새 없이 빈번하게 울어대는 내 입장에서 보면 눈물이 흔치 않은 남편이 신기하기 짝이 없게 느껴진다. 감정을 극도로 절제하는 남편을 나는 죽었다 깨어나도 따라갈 자신이 없다.

남편의 그 드문 눈물의 의미는 죽을 때 단 한 번 절박하게 운다는 가시나무새처럼 고통을 참고 견디다 비어져 나온 절규의 다른 이름임을 알 수 있었다.

결혼하고 이태 만에 닥친 시어머니 초상 때였다. 시어머니가 각별히 아끼던 아들이었으니, 남편의 슬픔은 말할 수 없이 컸을 것이다. 더구나 홀어머니가 자신의 등록금 마련을 위해 이집 저집을 쫓아다니며 겪은 어려움을 생각하면 할수록 눈물이 쏟아지는 것 같았다. 그렇게 천신만고 끝에 대학을 졸업하고 좋은 직장에 취직이 되고 결혼도 하여, 이제 편안히 모실 일만 남았는데 어머니는 기다려주시지 않았다.

한집에 살지도 않은 짧은 신혼생활이었기에 내게는 시어머니에 대한 살가운 정이 없었다. 게다가 해산을 한 지 불과 한 달 만의 일이니 아이 건사와 내 몸 가누는 일에도 쩔쩔매며 경황이 없을 수밖에 없었다.

아침저녁 상식(上食)할 때와 수시로 문상객이 올 때, 곡을 해야 하는데 눈물이 나오지 않았다. 눈물이 나와도 제 설움에 겨운 눈물이었지 고인을 위해 흘린 눈물은 아니었다. 이런 나와는 달리 남편은 끼니도 거르고 관 앞을 떠나지 않았다. 저러다가 숨이 끊어지면 어쩌나 싶을 만큼 애통하게 흐느꼈다.

그는 요즘 들어 부쩍 더 어머니가 그리워지는 모양이다. 제사 때나 어버이날, 축하 받을 일이 있을 때에는 어김없이 회심곡을 틀어놓고 어머니를 향한 그리움에 젖는다. 쓸쓸하고 허전한 그의 뒷모습을 바라보는 나도 말할 수 없이 애잔한 심경이 된다. 올해로 돌아가신 지 열여덟 해가 되는데 나도 오히려 최근에 들어 어머니의 박복함에 가슴이 저려오곤 한다.

두 번째로 남편이 눈물을 보인 것은 어머니가 돌아가신 바로 그 해 가을로 기억된다.

그즈음 남편은 별 이유도 말해주지 않고 귀가가 계속 늦었다. 며칠을 벼르던 끝에 나는 아이에게 젖을 물리면서 심드렁하게 불평을 늘어놓고 있었다. 남편은 해쓱한 얼굴로 출근준비를 하고 있었는데 느닷없이 내 머리맡에 책을 집어던지며 소리쳤다.

"제발 잔소리 좀 하지마라! 회사 일이 어떻게 돌아가는지 알기나 하고 그런 한가한 소릴 하나, 내가 젖 먹던 힘까지 내며 버티는 걸 몰라!"

놀라서 쳐다보니 남편은 주저앉아 눈물을 흘리고 있는 것이 아닌가. 20년 세월이 흐른 지금껏 나는 깊은 우물처럼 고뇌가 서리던 그의 눈망울을 잊을 수 없다. 마치 갈 데까지 다 가 벼랑 위로 내몰린 사람의 참담함이 배어 있었다. 나는 그날로 남편의 영원한 지지자가 되기로 마음먹었다.

그렇게 마음을 다잡아먹긴 했어도 타고난 나의 옹졸함 때문에 전적으로 지지하지는 못해, 그는 서재에서 잠 못 들고 서성이는 날이 많았다. 속수무책으로 그의 모습을 곁에서 지켜보는 나의 마음도 아리기는 마찬가지였다. 그러나 사람마다 각자가 분담해야 할 몫이 따로 놓여져 있는 것을 어쩌겠는가. 결국 인간은 혼자일 수밖에 없다는 서글픈 결론에 다다르면 나 역시 세상사는 일이 허무하기 짝이 없이 여겨질 때가 있다. 우리들은 이것을 근원적 고독이라고 정의내리고 있다.

실상 남편에게는 그 시기가 직장생활을 계속 유지하느냐, 마느냐의 갈림길이었다. 입사동기 10여 명이 전부 그 해에 이직을 한 걸 보면 그 심각성을 알 수 있었다.

작년에 공단을 휩쓴 중소기업체의 도산 사태로 명예퇴직 바람이 일었다. 남편 회사에도 대대적인 인사이동이 있었다.

올해 초, 남편도 16년 동안 몸담았던 근무지를 급작스레 떠나게 되었다. 10명의 연구원으로 출발해서 이제 1백여 명의 대식구로 공들여 키워온 연구소였다. 남편은 발령받은 이튿날 황망히 새 부임지로 출발했다.

사흘 후, 미루어 놓았던 이임식을 하러 남편이 창원에 다시 내려왔다. 경황없이 떠나느라 미처 섭섭함을 느낄 겨를이 없었는데 이임식이 코앞으로 다가오자 남편은 밤새 잠 못 이루고 뒤척이더니 서재로 건너갔다. 나도 덩달아 잠이 깨자 이 생각 저 생각이 주마등처럼 스쳐갔다.

새내기 직장 초년병들은 직장에 적응을 못해 몇 날 며칠 우리 집에 찾아와 술을 마시며 조언을 구했고 어느 연구원은 변심한 애인 때문에 일에 몰두할 수 없다는 하소연까지 늘어놓았다. 총각 때 제 집처럼 자고 가던 남편 후배는 결혼을 하고 인형 같은 새색시를 데려온 것이 엊그제 같은데, 벌써 중학생 학부형이 되었다고 싱글벙글거리곤 했다. 내 마음이 이렇게 착잡할진대 남편은 오죽하랴.

때로는 맏형처럼, 때로는 부모처럼 남편은 그들의 입장에 서서 부하들을 다독였다. 능력에 비해 게으른 사람, 생활 습관이 규칙적이지 못한 사람들을 내 살붙이처럼 채찍질해 나갔다. 간혹 젊은 혈기에 그들이 반발을 해대면 남편은 잠 못 이루고 고심을 하였다.

이임식이 끝나고 늦도록 귀가하지 않는 남편을 기다리고 있는데 모셔가라는 전갈이 왔다. 이미 모두들 취해서 운전할 사람이 없다는 것이었다. 그것은 단지 이임식을 하는 마당에 내 얼굴도 마지막으로 한 번 보자는 그들의 궁색한 변명이었다. 자정이 가까운 시간에 휘황찬란한 네온사인 속 술집을 찾아드는 내 마음은 납처럼 무거웠다. 그동안 친시동생처럼 정이 들 대로 든 그들과 눈물을 흘리지 않고 이별할 자신이 없었다. 초창기 멤버였던 몇몇 팀장은 이미 상당히 취해 내 손을 덥석 잡으며 혀꼬부랑이 소리를 했다.

"소장님보다는 형수님이 더 좋았습니다."

나는 몹시 부끄러웠다. 그들을 이끌어 주고자하는 남편의 강한 욕구와 그들의 의견이 팽팽히 맞서 있을 때, 나는 둘 사이에 서서 감정이 가라앉도록 노력했을 뿐이다. 내 보잘것없는 술심부름이 그들의 가슴에 여직 남아 있었나 보다.

연구원들은 믿을 수 없다는 듯이 내게 그날의 상황을 알려왔다.

"그케 강한 분이 목이 메어 이임사를 석 줄도 채 못 읽었심더."

집에 돌아와 이임사가 적힌 메모지를 넘겨주는 남편의 눈자위가 또 다시 벌개졌다.

> 내 젊음을 사른 이곳을 떠나는 것이 아직도 실감이 나지 않습니다. 그동안 열과 성을 다해 연구소를 키우려고 애썼습니다만 혹 나의 과욕으로 인해 무리가 따른 점이 있었다면 그 모든 것은 회사와 여러분에 대한 나의 간절한 마음에서 비롯된 것이었음을 이해해주셨으면 합니다. 떠나는 사람의 허물은 흐르는 물에 띄워 보내고….

남편의 앙가슴에서 솟구치는 용암처럼 뜨거운 눈물에 나도 목이 메어왔다.

소나무

소나무가 그려진 수채화 한 점을 장만했다. 오랫동안 별러서 마련한 것이라 거실에다 걸어놓고 보니 감회가 유별나다. 같이 화랑에 들렀던 하시인으로부터 그림 감상하는 재미가 어떠냐는 행복한 안부를 받곤 한다.

"네, 소나무 그늘에서 늘어지게 낮잠을 즐기지요."

푹푹 찌는 삼복더위 가운데서도 나무 그늘에 몸을 뉘이면 이상스레 스르르 잠이 들었다. 고향 뒷산에라도 오른 듯 푸근하기 그지없어 단발머리 시절의 풋풋한 꿈도 꾸어가면서 혼곤히 잠에 빠져드는 것이다.

몇 해 전 새 아파트에 입주할 날을 받아놓고 도배를 하기 위해 들러보니 15층 공간이 몸 둘 바를 모를 만큼 훤해서 불안했다. 궁리 끝에 벽지며 바닥재, 커튼까지 녹색 계열을 써, 정수리를 쏘아대는 강렬한 빛을 누르는 작업을 시도했다. 적당히 조도가 낮아지자 비로소 마음이 가라앉으며 안도의 숨이 새어 나왔다.

안성맞춤이란 말이 이걸 두고 생긴 걸까. 그 날로 화폭은 벽면에 안겨 들었다. 그림 주위를 맴돌면 다복솔 숲을 거니는 듯 솔향기가 날아왔다. 화폭은 내가 유난스레 천착하는 녹색 주조에다 맑은 수채화 물감의 번짐이 탁하게 굳어진 유화보다 내 정서에 더 가까워 이런 상상도 가능한가 보다.

나이가 들면 취향이 바뀐다더니 근래에는 나무와 돌, 도자기에 넋을 빠뜨릴 때가 많다. 그렇다고 수석 수집가처럼 특별한 식견이 있는 것도 아니고 고가의 골동품을 쫓는 것도 아니다. 매끄럽게 다듬어 놓은 매화석이나 나지막한 키에 열매를 주렁주렁 달고 있는 분재를 보노라면 인간의 손에 시달려온 세월이 안쓰러워 오히려 기분이 우울해질 때가 많다.

써레로 골라놓은 밭 가운데 펑퍼짐한 궁둥이를 디밀고 앉은, 수더분한 아낙 같은 바윗돌이 믿음직스럽다. 청상과부처럼 아릿한 빛을 품은 청자보다 온유하고 푸근한 백자나 투박한 분청사발에 마음이 한층 더 쏠리는 것이다.

한때, 귀목으로 만든 반닫이를 끌어안고 고운 결에 윤기를 내며 하루해를 보낸 적도 있었다. 그러나 아직 삭이지 못한 열정 때문인지 힘차게 수액을 끌어올리는 생명 있는 나무가 더 좋다.

국도변에 끝없이 늘어서서 여행객의 그림자를 쓸쓸하게 비추는 미루나무도 아련하고 실향민의 마음을 어루만지는 마을 어귀의 느티나무도 알싸하게 향수를 일으킨다. 그러나 내 마음을 온통 사로잡는 것은 역시 소나무다. 속리산 정2품송이나 운문사 경내를 빛내는 소나무처럼 수려하고 장엄하여 이름난 소나무보다 바위틈을 비집고 솟아오른 벼랑 위의 외로운 소나무에 한결 더 마음을 두는 것이다. 안간힘으로 견고한 바위를 뚫고 뿌리를 내리느라 가지가 비틀리고 볼품없다. 그러나 그 청청한 기백만큼은 참을성 없는 인간이 본받아야 할 정신인 것이다.

연전에 설을 쇠러 친정에 들렀을 때, 아버님이 소나무 그림 복사본 한 점을 내놓으셨다.

김정희가 제주도에 유배되었을 때, 오랜 지기들도 몸을 사리느라 연락을 끊었는데 역관 이상적만은 추상같은 단죄에도 개의치 않고 책과 함께 편지를 보내왔던 것이다.

추운 겨울을 지나봐야 소나무와 전나무가 시들어 떨어지지 않고 늘 푸르다는 것을 알 수 있듯이, 역경을 겪어보아야 사람의 지조를 알 수 있다는 뜻을 담아 답례로 이상적에게 그림을 그려 보냈다. 그 그림이 바로 유명한 「세한도」이다.

추사가 유배되어 있었던 허름한 거처가 투명한 갈필로 잘 묘사된 작품이다. 의미심장한 주제를 다루면서도 그림의 구도와 표현은 단순하고 압축되었다. 이러한 기법을 김정희 회화의 특성이라고 후세의 비평가들은 평하고 있다.

눈보라 휘몰아치는 적막한 거처에서 오로지 구부정한 소나무 몇 그루에 의지해서 하루하루를 보냈을 추사를 생각하니 든든한 버팀목이 되었던 못생긴 소나무에 더욱 애착이 간다.

내 고향 경포대에 가면 모래사장을 에워싼 해송이 짙푸른 파도보다 먼저 방문객을 맞는다. 한 그루 한 그루 살펴보면 구불구불 못생겼지만 못생긴 소나무들끼리 숲을 이루어 아늑하고 신비한 공간을 만들어 낸다.

나는 이즈음, 솔숲에 갇혀 마냥 행복하다. 40여 년 살아온 나날 중 가장 근심 걱정 없었던 유년기로 돌아갈 수 있기 때문이다. 노랗게 날아오르는 송홧가루를 맞으며 어질한 세계에 젖어드는 것이다. 붉은 헝겊이 펄럭이는 성황당 소나무 아래서 장에 가신 할머니를 기다려도 본다. 서울 계신 엄마가 빨간 털신을 사들고 옹기점 솔밭에 나타나면 한 달음에 달려가 쌓였던 응석도 풀어놓는다.

나의 말년엔 소나무 몇 그루 서 있는 수수한 집에서 텃밭에 심은 채소를 솎으며 살고 싶다. 굳이 욕심을 부리자면 추사처럼, 변치 않는 말벗 하나 곁에 두고 고즈넉이 노을을 맞고 싶다. 그래도 마음이 흔들릴 때는 설날 덕담 대신 주신 「세한도」를 꺼내놓고 아버님을 오래도록 그리워하리라.

공작선인장

발코니 후미진 곳에서 공작선인장이 꽃을 피웠다. 한 송이가 직경 20센티 가량의 핏빛 꽃이다. 며칠 집을 비운 사이에 감쪽같이 꽃눈을 밀어 올려 황홀한 자태로 주위를 제압하고 있다. 피를 머금은 층층의 꽃잎 사이로 늘어뜨린 노란 수술이 마치 주렴 같다. 꼿꼿하게 머리를 들어 올린 꽃에서 스핑크스를 등지고 도도하게 출현한 클레오파트라를 본다. 황막한 사막에서 문명의 황금기를 누리다 비장하게 최후를 맞이한 클레오파트라, 공작선인장 꽃은 바로 그녀의 핏빛 분신이었으리.

아들아이가 자전거를 타고 학교에 가다 사고를 당한 아침에도 발코니의 화분을 돌보고 있었다. 향기에 취해 혹은 눈물나게 그리움을 품은 꽃 색깔에 반해 한 분 두 분 모은 것이 발코니 가득 정겨운 꽃밭을 이루게 되었다. 공작선인장도 10여 년 전에 사택에 사는 이웃이 분양해 준 것이다. 멋없이 민숭한 줄기 몇 개를 다른 식물 한 귀퉁이에 꽂아주어 시큰둥하게 받아와서는 분갈이도 하지 않고 두었는데 보란 듯이 당당하게 꽃을 피운 것이다.

작년에 나온 소철 잎을 바라보면 나는 명치끝이 아려서 가슴을 움켜쥔다. 이른 봄, 소철분을 유리창 곁에 바싹 붙여놓았더니 새 잎이 나오면서 온전하게 잎을 펼칠 공간이 부족했었나 보다. 소철은 무서운 생명력으로 제 몸을 추슬러 기형의 나선형 잎을 밀어 올리지 않았는가. 뒤틀린 소철분을 볼 때마다 얼굴을 돌려 격앙된 마음을 애써 진정시키려 하지만 끝내, 꽃잎처럼 스러져간 한 소녀의 얼굴을 떠올리고 마는 것이다.

그 아이는 아들아이와 초등학교를 같이 다녔는데 명랑하고 붙임성이 있었다. 소심하고 내성적인 아들아이는 성가셔 하면서도 차차로 이성에 눈 떠가는 기색이었다. 그런데 기숙사가 있는 타 지역의 고교로 진학했던 그 아이가 작년 추석에 집에 왔다가 끝내 목숨을 끊고 말았다. 장례에 참석했던 가까웠던 친구들은 그 소녀가 항상 죽고 싶다고 입버릇처럼 되뇌었다고 했다. 부모의 잦은 불화에서 벗어나고 싶었을 것이라는 소문이 들려왔다.

아들아이가 무사히 수술을 마치고 퇴원을 하였다. 입원실에서 서성이던 10여 일은 아이를 길러온 십수 년과 맞물리는 시간이었다. 갖가지 형상으로 재활의 의지를 태우는 환자들의 고통이 나의 아픔으로 박히는 시간이었다. 나의 작은 뜰이 더할 나위 없이 소중하게 다가온다. 그리고 오늘에야 비로소 소철분과도 눈길을 피하지 않고 마주할 수 있다. 그 소녀가 부디 이승에서의 가슴 저린 삶을 접고 저 세상에서는 공작선인장 꽃처럼 활짝 피어나기를 간절하게 기도하였다.

자식을 낳아 길러서 넓은 세상으로 내보낼 때까지는 아마도 수많은 복병이 곳곳에 도사리고 있을 것이다. 우리 아이처럼 외부의 물리적인 힘에 의한 상처도 있을 수 있을 것이나 더욱 큰 함정은 자칫 소홀하게 여기기 쉬운 자녀들의 정신적 가치관 속에 있을 수 있는 것이다.

자식은 욕심껏 치마폭에 싸안고 애면글면하느라 멀찍이 바라다볼 여유가 없다. 그런데 식물은 방치해 놓고 물만 가끔씩 주어도 때가 되면 각각의 독특한 개성으로 아름다운 모습을 드러낸다. 동양란은 오히려 물을 자주 주지 않는 것이 향기로운 꽃을 피우는 지름길일 수 있다. 말라비틀어진 난분을 버리려 쏟아 부어 놓으면 쓰레기 더미에서도 눈물겹게 꽃을 피우지 않던가.

켄자야자나 소철은 가는 잎을 규칙적으로 시원스레 피워 올려서 두 나무가 어우러지는 공간은 서구적인 세련미를 연출한다. 비라도 촉촉하게 뿌리는 날에는 커피잔을 들고 내가 지금 남양군도 어디쯤을 서성거리는 착각에 빠지곤 한다. 비가 그치고 투명한 햇살이 가지런한 나뭇잎 사이를 관통하면 나의 혈관 속으로도 짜릿한 행복감이 스며든다. 아, 산다는 것은 이런 것이구나. 나는 매일 식물을 돌보며 생명의 소중함에 새삼 눈뜨는 것이다.

잎이 무성한 행운목, 킹벤자민이 풍성하고 시원스런 그늘을 드리우지만 허공을 향해 날카롭게 뻗어나간 한란의 잎에서는 매서운 겨울을 이겨낸 고고한 기품을 발견할 수 있는 것이다. 잎을 자랑하는 관엽식물이 있는가 하면 또 공작선인장처럼 때가 되면 묵묵히 꽃을 피우는 식물이 있다. 어디 그뿐이랴, 산비탈에 비켜서서 황홀한 향기를 머금고 피어나는 으름이나 높은 산 풀숲 응달에서 보아주는 이 없어도 용담은 해마다 어김없이 꽃을 피운다.

자식을 키우는 것도 식물을 꽃피우는 것과 같으리라. 잎이 돋보일 아이가 있고 화려한 꽃을 피울 아이도 있고 혹은 튼실한 열매를 맺을 아이도 있을 것이다. 일찌감치 아이의 적성을 알아내서 그 길로 인도하는 것이 부모가 할 수 있는 최대한의 역할이 아니겠는가.

마주하면 주눅이 들어 두려워지는 공작선인장을 보며 오늘도 아이들의 장래를 걱정하는 것이다.

못다 운 울음

나는 그녀를 정선댁이라 부른다. 그녀의 애틋한 이야기를 듣고 나서는 이름보다는 그녀의 고향인 정선을 떠올리며 정선댁이란 택호로 부르게 되었다.

깎아지른 듯한 절벽을 끼고 굽이굽이 흐르는 동강 아우라지 나루터에서 오지 않는 지아비를 기다리다 눈물도 말라버린 여인. 그녀를 만날 때마다 구절양장에 배어있는 기구한 운명의 굴레에 절로 한숨짓게 되는 것이다.

몇 년 전, 운문사에서 새벽 예불을 마치고 귀가하는 길이었다. 박시인의 집 근처에 있는 고택 앞에서 차를 세웠다. 그 근방을 지날 때마다 고색창연한 한옥에 이끌려 어떤 사람이 살고 있을까 하고 항상 궁금하게 생각해온 터였다. 이른 아침의 청정한 기운에 이끌려서 인지, 아니면 지상의 중생을 제도한다는 운문사의 법고소리에 힘입었는지 우리는 약속이나 한 듯이 그 집 앞에 멈추어 섰다. 빨려들 듯 고택의 낮은 담에 매달려 그 집안 구석구석을 살펴보고 있었다. 어림짐작으로도 뼈대를 제대로 갖춘 사대부집 규모라는 것을 알 수 있었다. 사랑채 추녀 끝에 매달린 풍경이 새벽 공기를 가르며 스산하게 울었다. 얼마 지나지 않아 인기척을 들은 듯, 아름드리 향나무 사이로 한 여인이 불쑥 나타났다.

머리카락은 부스스하고 눈자위는 밤새 중병을 앓고 난 사람처럼 신산하기 짝이 없었다. 그러나 경계하듯이 쳐다보는 눈빛만큼은 형형하게 살아있어서 첫눈에도 예사롭지 않게 느껴졌다. 희귀한 정원수와 정교한 문살문양을 보고 우리가 감탄을 해대자 그녀는 비로소 조금씩 경계심을 풀기 시작했다. 이원수 시인의 생가가 근처에 복원된다는 소식을 듣더니 시를 쓰냐고 다그치듯 물어왔다. 그렇다고 대답하자 그녀는 반색을 하며 오늘이 오기를 손꼽아 기다렸다면서 부리나케 안채로 들어가더니 낡은 대학노트 한 권을 꺼내왔다. 그 속에는 눈물자국 절절한 시가 적혀 있었다. 우리는 삐걱거리는 툇마루에 걸터앉아 그녀의 과거 속으로 빨려들어 갔다.

보름달이 너른 뜰을 훤히 비추는 밤, 뒤뜰의 배꽃 잎이 사운대는 소리에도 그녀는 잠 못 들고 뒤척이고 있었다. 결혼 초부터 노름질에 여색에 날 새는 줄 모르던 남편은 아예 발걸음을 끊고 있었다. 깊은 밤, 남편이 없는 너른 집은 한층 더 휑뎅그렁하고 뒷간에 가려 댓돌에 내려섰던 그녀는 괴괴하게 내려앉은 달빛에 처절하게 몸을 떨었다. 담 밖의 오동잎이 삭풍에 구르는 소리에도 잠이 깨어 등잔 심지를 돋우고 그녀는 시를 써 내려갔다. 소담스럽게 내리는 눈발의 기척에 깨어나 장지문을 열어 제치고 하염없이 쏟아지는 첫눈처럼 시린 시를 적어놓았던 것이다.

밤새도록 울음을 쏟아내는 눈발
흰 눈 울음에 젖는 밤
여명이 젖은 어둠을 밟고 오는
하얀 길 숲에도
목 놓아 쏟아낸 눈물
못다 운 울음을 쏟느라…

통곡 같은 그녀의 언어들은 사람의 마음을 미어지게 하는 강렬한 힘을 갖고 있었다. 질박한 오지그릇처럼 꾸밈없이 써내려 간 시구가 어느 유명한 시인의 시 구절보다 진한 감동을 몰고 왔다. 너덜거리는 노트에 빼곡하게 단말마처럼 토해 올린 통한의 세월이 고스란히 배어 있었다. 잠 못 이루는 밤, 방바닥에 엎드려서 참회하듯이 써내려 간 그녀의 한숨이 하얀 종이를 눈물로 얼룩지게 했던 것이다. 여기 저기 장판 바닥에 찍히고 번진 볼펜 자국에서 그녀의 찢겨진 가슴을 엿 볼 수 있었다.

그렇다. 모름지기 글이란 이렇게 간절한 한을 풀어내야 하는 것이리라. 뒤늦은 깨달음에 얼굴이 화끈 달아오른다.

이른 봄, 아직 언 땅을 호미로 일구어 파 씨를 뿌리듯 그녀는 끊임없이 시심의 밭을 일구어 눈부신 씨앗으로 거듭나는 것이다.

앵두나무 분재를 만들며, 비파나무 가지를 쳐내며, 식구들의 잃은 입맛을 걱정하여 쑥국을 끓이며, 오지 않는 남편을 위하여 보리수 술을 담그며 그녀는 시를 쓴다. 그녀 집 담 밖의 할매들이 3백 년 묵은 마을의 신령수 잎처럼 일상에 순응하며 쇠락할 때, 그녀는 굴곡진 삶을 시로 풀어내며 처절하게 항변하고 있었다. 눈물을 씹으며 멍든 상처에 새살이 차오르도록 그녀는 오늘도 푸른 시를 빚고 있다. '못다 운 울음'을 저리게 쏟아내고 있다.

나는 왜 작은 일에만 분개하는가*

동심

초등학교에 입학한 지 얼마 되지 않아, 내 그림이 복도 벽에 내걸리게 되었다. 쓸쓸한 모습의 미루나무 한 그루와 짚차 한 대가 있는 단순한 그림은, 장욱진의 먹그림을 닮았던 것 같다.

그 그림 덕분에 경복궁에서 열린 사생대회에 참가하게 되었다. 베레모를 멋지게 눌러 쓰고 우리를 인솔한 친구의 아버지는, 당시 화단에서 유명한 화가였다. 우리는 근정전 앞, 연못 근처에 자리를 잡았다.

크레파스를 펼치는 순간부터 나는 풀이 죽기 시작했다. 오빠, 언니로부터 물려받은 내 것은, 동강나 뒤죽박죽인 10색인데 반해, 친구 것은 가지런하게 정렬된 50색이었다. 그 휘황찬란한 빛이 사정없이 내 기세를 꺾어왔다.

화가 딸과 나란히 앉은 것이 잘못이었다. 내 능력으로는 단순구도밖에 그릴 수 없는데, 화가는 끊임없이 딸의 화폭에다 5월의 신록과 근정전 추녀의 오묘한 선과 풍경소리까지도 그려 넣고 있었다. 그림이 완성돼 갈수록, 능력은 부치고 샘이 난 나는 억울해서 가슴을 콩콩 치며, 애꿎은 그림에 덕지덕지 개칠을 하고 있었다.

"이건 너무 불공평해!"

새 댁

집안일이라곤 딱 부러지게 할 줄 아는 것 하나 없이 살림을 났다. 여러 가구가 사는 단독주택에 세를 들고 보니, 우리 방 안쪽에, 결혼을 일찍 한 여자가 먼저 와 살고 있었다. 같이 냄비를 닦아도 그녀가 닦은 것은 유난히 더 반짝거렸다. 나보다 어린 것이 분명한데, 아이를 일찍 낳고, 살림을 야무지게 꾸린다고 그랬을까, 사사건건 내 일에 참견 하려들었다.

"많이 배우면 뭘 해요? 배추 하나 제대로 못 절이면서…."

부엌이 없는 방에다 살림을 풀어놓으며, 친정어머니가 하신 넋두리를 들었나 보았다. 살림이 서툰 것이 사실이니, 그녀 말에 토를 달지도, 노여워하지도 않았다.

지루한 장마 중에, 잠깐 날이 개어, 기저귀를 삶아서 옥상 빨랫줄에 널어놓았다. 몇 시간 후 걷으러 올라가 보니, 보송보송하게 말라 있어야 할 기저귀가 한구석에 처박혀 있는 것이 아닌가. 그 여자 짓이었다. 자신이 쳐놓은 줄에 다른 빨래는 널 수 없다고 억지를 부렸다. 곁에서 지켜보던 집주인이, 새댁이 참으라고 넌지시 귓속말을 전했다. 참으로 어처구니없는 노릇이었으나, 내 재간으로는 어째 볼 도리가 없었다. 비실비실한 그 집 딸에 비해, 잘 먹고, 잘 싸고, 왕성하게 울어대는 내 딸아이가 단지 고마울 따름이었다.

가 난

10평 아파트에서 네 식구가 옹색하게 살 때였다.

아이가 입학하기 전이었기에, 남편 출장길에 같이 나서 친정으로 가곤 하였다. 출장이 길어져서 서울에서 한 달 여를 있다 집으로 돌아왔는데, 현관문을 열자, 썩는 냄새가 진동했다. 어리둥절하여 집안을 살펴보니, 천장 도배지는 이미 떨어져나가고 방바닥과 벽은 시커멓게 썩어가고 있는 것이 아닌가. 윗집 하수도가 새는 것이 분명했다. 난감했다.

새로 이사 온 새댁의 얄궂은 인상 때문에, 목례 정도만 하고 지내온 터였다. 망설이다 올라가서 물이 샌다고 어렵게 말머리를 꺼내자, 새댁이 신경질을 부려댔다.

"물이 새는 걸, 날더러 어떡하란 말이야! 누가 아랫집에 살라나?"

다짜고짜 성질을 부려대니, 꼬집힌 자국이 어지러운 얼굴이 한층 더 험악해졌다.

몇 마디 건네다 말이 통하지 않는 사람 같아 맥 빠진 채 돌아왔다. 이 궁리 저 궁리로 머리가 지끈거리는데, 느닷없이 현관문이 열리고 시커먼 옷을 입은 사내가 버텨 서서, 나를 노려봤다.

"왜, 여자 혼자 있는데 와서 행패야? 물이 새면 아쉬운 놈이 고치면 될 것 아니야!"

코에 손이 닿을 지경으로 면전에다 삿대질을 해댔다. 한 번만 더 그러면 가만두지 않겠노라는 엄포를 놓고, 그는 사라졌다. 나는 그가 당장이라도 목을 조를 것만 같아, 그동안 숨도 제대로 쉴 수 없었다.

이웃지간에 이렇게 기막힌 일이 벌어질 수 있는가. 제 마누라 역성 든다고 이웃집 부인에게 이렇게 무례하게 굴어도 된단 말인가. 나는 그때, 생존의 위협을 받고 있었던 것이다. 눈에는 눈, 이에는 이라는 함무라비 법전도 생각해보지 않은 바는 아니나, 남편이 돌아와 봤자 그런 무뢰한에게 대항 할, 뜻도 힘도 없을 것 같았다. 결혼 후 처음으로 가난한 남편이 원망스러워졌다. 며칠이 지나도 그들이 용서되지 않았다.

공동주택의 규칙을 모르는, 아니 사회생활 하는 데 기본이 안 된 그들의 버릇을 고쳐주고자 법무사를 찾아가서 조언을 구했다. 우선, 수리비용 청구서를 첨부해서 윗집에 계고장을 발송하고, 만일 그때에도 합의가 이뤄지지 않으면 최후로 민사소송 절차를 밟는다고 하였다.

얼마간 시일이 흐르자 사태를 바로 파악했는지, 내외가 다소곳한 태도로 방문하였다. 비굴한 웃음을 흘리며 내놓은 제안이 가관이었다. 자신은 작은 회사의 일용공이고, 남편은 대기업에 있으니 자신의 처지를 생각해서라도 비용의 반을 좀 부탁한다고 했다.

남편의 만류에도 불구하고 나는, 표리부동한 그 부부를 단죄하고자 수리비 절반을 정확하게 받아냈다.

관료

창원의 한 도서관에서 소식지를 2년간 편집한 경험이 있다. 소설가인 초대 관장은, 자신의 문학적 능력을 발휘해서 전국에서도 보기 드문, 훌륭한 도서관보를 창간하였다. 창간호부터 참여한 나는 관장의 열의에 힘입어 편집하는 일에 재미가 붙었다. 제 위치에 적절한 컷을 고르지 못하다가, 생각이 떠오르면 자다가도 벌떡 일어날 정도로 일에 몰두했다. 나날이 도서관보는 발전하였다. 계절을 앞서 사는 재미도 꽤 있었다. 아이디어가 참신하면 얼마든지 좋은 책자를 만들 수 있다는 것에, 보람을 느끼며 도서관보에 온 정성을 쏟았다. 8집을 발간할 때는 어느 소식지와 견주어도 손색이 없을 만큼, 편집인의 안목과 팀웍이 프로가 돼가고 있었다.

초대 관장이 떠난 후로, 두세 번 다른 관장이 부임했다. 세 번째 부임한 관장은 출판에 대해서는 문외한임에도 불구하고 책임자의 면모를 과시하려는 듯, 쓸데없는 참견을 해왔다. 문학 소년의 꿈이 좌절되기라도 했던 걸까, 개인적 열패감을 뭉뚱그려, 문학인들을 향한 야유도 다반사로 여겼다.

절이 싫으면 중이 떠나야 될 것을 깨닫고, 후임을 구하라고 말미를 주었다. 며칠 뒤에, 관보 출판사를 바꿔야 한다는 얘기가 들려왔다. 지방자치제인데 관보를 타 지역에서 만들 수는 없는 일이라고 했다. 들어보니 타당성이 있는 말이었다. 관장의 뜻에 따라 출판사를 바꾸려 견본을 청한 지 여러 날 되었건만 가타부타 말이 없었다. 수선스런 와중에서도 내가 할 수 있는 마지막 편집을 끝내고 원고를 넘겼다. 다음 달 초에 출간된 소식지는 60년 대 출판물처럼 구태의연하기 짝이 없었다. 책이 출판된 날, 뜬금없이 인쇄소로부터 점심제의를 받았다. 전 출판사로부터는 2년 동안 한 번도 없었던 일이었다. 마지막 인사차 참석해보니 관장의 요청으로 마련된 자리인 듯, 분위기가 어색했다. 관장은 다 먹지도 못할 불갈비를 자꾸 청했다. 게다가 대낮부터 취해서 여직원의 허벅지에 손을 거침없이 올렸다. 목불인견의 작태를 부리는 관장의 뺨따귀를 갈겨줄 수 없는 것이 안타까울 따름이었다.

후유증

요즘 아무 일도 하지 않고 시간을 떠넘기며 지낸다. 조금만 움직여도 통증이 심하게 일어 가만히 누워 천장의 무늬를 세거나 고개를 조금 돌려 텔레비전을 보는 것이 고작이다. 몸을 맘대로 움직일 수는 없으나 실은, 근래에 들어 이렇게 많은 생각을 해보기는 처음인 것 같다. 부지불식간에 행동으로 빚어지는 허망한 일이 얼마나 많던가. 골똘하게 자신의 세계에 침잠하다보면, 몸이 마치 깊은 물 속에 가라앉아 있는 듯, 편안해져 그 적막을 즐기게 되는 것이다.

'나는 무엇으로 사는가?'

평생의 화두로나 삼을 실존의 물음을, 끊임없이 자신에게 던져보는 시간이다.

산청에 지인의 부친 문상을 갔다 오다가, 그만 교통사고를 당했다.

차가 낭떠러지로 굴러 떨어지는 순간, '아, 이것이 마지막이로구나' 하며 눈을 감았다. 무엇엔가 부딪쳐서 차가 멈춘 후, 눈을 떠보니 몸을 움직일 수 있었다. 다행스럽게도, 일행 6명 중 치명적 응급환자는 없는 것 같았다. 졸지에 당한 일이었으나, 앞서가던 차에 문협회장 일행이 있어서 구급차를 부르고 모든 조치를 신속하게 처리할 수 있었다.

정강이에서 피가 조금 흐른다고 호들갑을 떨던 한 사람이 구급차 사이렌소리가 들리자 실신한 듯, 쓰러졌다. 쇄골과 갈비뼈가 부러진 환자는 밀쳐지고, 들것과 침대는 오히려 그녀가 차지했다. 나머지 일행은 부상당한 몸을 겨우 간이의자에 의지하고 구불구불한 지리산 계곡을 돌아 진주에 있는 병원 응급실로 실려 갔다. 그 3, 40분 동안이 왜 그리 길고 힘들었던지….

그때의 어처구니없는 일은 지금껏 남아서, 나의 화두가 되고 있다. 믿고 따랐던 사람이었는데, 위기의 순간이 닥치자 평소의 온정과 아량은 온데간데없고 자신의 목숨만 움켜쥐려는 약삭빠른 사람으로 돌변했다.

목숨을 지키려 발버둥치는 것은, 동물이 가진 당연한 본능이다. 그러나 우리가 인간이기 때문에 절체절명의 순간에도 본능을 제치고 기지를 발휘할 수 있는 것이 아니겠는가. 신분, 학식, 재산에 관계없이 개개인의 생명은 평등할뿐더러, 하나밖에 없는 소중한 것이 아니던가.

그 사고를 겪으면서 사람이 사람을 얼마나 재빠르게 저버릴 수 있는가를 알아차린 지금, 내 자신에게조차 두려움을 느끼고 있다.

*박완서 에세이집 제목

꼬맹이 음악회

더위가 기승을 부리기 시작할 때 친정동생에게서 전화가 왔다.

"언니, 휴가 날짜 좀 짜봐, 엄마가 아무래도 심상치 않아, 이대로 있다가는 나중에 후회할 것 같아!"

어둡게 가라앉은 동생의 목소리에는 걱정이 태산처럼 실려 있었다. 엄마가 입맛을 잃고 여러 날을 누워만 계셔서 눈에 띄게 기력이 쇠진해졌다는 것이다. 이제껏 쓸고 닦는 집안일을 하루라도 거르는 적이 없이 바지런한 분인데 예삿일이 아니었다. 그러고 보니 짚이는 데가 있다. 오빠의 기일이 다가오고 있었다.

작년에 급작스런 사고로 7대 종손 맏아들이 오십대 중반에 세상을 뜨자, 어머니도 같이 넋을 놓으셨다. 자식 앞세운 죄인이 무슨 잔치냐며 팔순 생신상도 완강히 거부하셨다. 환경이 바뀌면 애통한 마음이 좀 삭여질까 싶어 형제들이 궁리를 내서 호주로 이민 간 맏딸 집에 억지로 모시고 갔었다. 기회 있을 때마다 장손만 자식이고 나머지 자식 생각은 하지 않냐며 짐짓 으름장을 놓았더니 어머니는 마지못해 평상심을 보이시는 듯했다. 그러나 어디 그 일이 맘먹는다고 잊혀질 수 있는 일이런가. 호주에서 돌아 온 이후로 어머니는 기력을 좀 찾은 듯했었는데 더위가 몰려오고 아들 기일이 가까워 오자 헤쳐진 가슴속에서 진물이 다시 흐르기 시작했다.

남편과 동생들과 상의해서 각기 사는 곳에서 모이기 편리한 충주의 한 콘도로 휴가 장소를 잡았다. 다행히 사위 셋이 모두 시간을 맞추고 대학에 있는 막내동생 내외도 방학 중이라 서둘러 휴가를 잡았다.

더위가 일찍 온 탓에 피서를 떠나는 차량이 고속도로를 가득 메웠다. 운전대를 잡고 주춤거리는 차량행렬을 보고 있자니 하늘이 무너지는 것 같았던 그날 일이 떠올랐다.

토요일 아침 일찍, 부모님 가까이 사는 여동생이 오빠의 죽음을 알려왔다. 오빠가 목욕탕에서 미끄러지면서 뇌진탕을 일으켜 병원으로 옮기는 중에 운명했다는 기가 막히는 전갈이었다.

영안실에 모셔진 오빠의 영정이 물끄러미 나를 보고 있었다. 멀리 떨어져 살고 있으니 고작 얼굴 보는 날이 일 년에 서너 번에 불과했다.

오빠는 화학공학을 전공했지만 철학책을 더 많이 탐독했었다. 초등학교 다닐 적에 오빠가 만화방에서 빌려 온 소설책을 자정 무렵까지 읽고 나면 나는 그 책을 다음날 반납하기 위해 밤을 새워 읽었던 기억이 난다. 오빠가 읽던 『싯달다』『짜라투스트라는 이렇게 말했다』『유리알 유희』『이방인』 등 어려운 책들은 내가 대학 다닐 때도 미처 소화시키지 못하고 몇 번의 시도 끝에 끝까지 완독 할 수 있을 정도였다. 아직도 오빠가 밑줄 쳐 논 구절이 빛바랜 책 속에 고스란히 간직된 채 내 책꽂이에 꽂혀 있다.

어머니는 오빠의 빈소에서 실신하다시피 애를 끓이시며 한 발짝도 떠나려 하지 않았다.

보다 못한 작은아버지의 '자식 빈소에 부모가 있는 것은 법도에 어긋나요!'라는 눈물겨운 충고를 듣고서야 강제로 집으로 모셔졌다.

입맛이 없다는 엄마를 '안 드시면 휴가 계획 취소해요!' 하고 엄포를 놓아가며 여동생이 추슬러서 아버지와 함께 모시고 왔다고 한다. 크게 걱정했던 것과는 달리 어머니는 기운은 없어 보이지만 기분은 썩 좋아 보였다.

장성한 손자들은 군복무다, 수험준비다, 직장일로 모두 빠져버리고 막내아들의 10년 만에 낳은 여섯 살, 네 살 어린 손자 둘만 달랑 따라왔다. 어머니는 우선 자식 사위가 한데 모인 것만으로 기분이 좋아서 연방 싱글벙글거리신다.

"참, 바쁜 안서방이 다 오고, 고맙네!"

처가 휴가에 오랜만에 합류하는 둘째사위가 고마워서 어머니는 눈물까지 글썽였다. 각 집마다 밑반찬 몇 가지씩만 가져왔는데도 밥상이 푸짐하니 잔칫집 같다. 부모님들은 모처럼 한자리에 모인 자식들을 바라보니 안 드셔도 배가 부르다고 어린아이처럼 활짝 웃으신다.

바깥에서는 유치원생, 회사원들이 단체로 와서 폭죽을 터뜨리고 캠프파이어를 해대서 축제 분위기가 흠씬 느껴졌다. 꼬맹이 조카들도 덩달아 신이 나서 바깥으로 구경나가자고 졸라댔다. 충주댐을 에워 싼 무성한 숲에서 솔향기가 날아올라 30도를 웃도는 무더위도 위력이 한풀 꺾이는 듯했다. 여든이 넘으신 어머니, 아버지의 웃음꽃이 불꽃놀이처럼 화사하게 부서져 내린다.

멀리 떨어져 산다는 핑계로 자주 찾아뵙지도 못하는데 이렇게 좋아

하시는 걸 뵈니 슬그머니 죄송스러운 마음이 든다. 멀리 사는 살붙이가 가까운 이웃만 못하다는 말이 새삼스레 가슴속에 새겨지는 순간이었다. 나이만 많이 먹었지 자식노릇은 고사하고 누나노릇, 언니노릇을 제대로 못하는 내가 동생들 보기에도 민망스러울 따름이다.

가족단위의 휴양지라서 시설이 요모조모 참 편리하게 되어 있다. 농구장의 조명등이 대낮처럼 환하게 불을 밝히고 있다. 건장한 청년들이 땀을 뻘뻘 흘리며 농구 게임을 마친 뒤에 우리 식구가 자리를 이어받았다. 숙소로 오르는 나무계단 위에 둘, 셋씩 짝지어 앉자 항상 기지를 먼저 발휘하는 막내올케가 분위기를 잡는다.

"고모, 우리 재언이 재준이가요 노래를 월매나 잘 하는지 모르시죠?"

샌님인 조카는 쑥스러워 하면서도 고모부들이 부추기자 쭈뼛쭈뼛 동생을 이끌고 운동장에 내려섰다. '옛날에 어린 왕자가 살았어요…' 어린 왕자의 이야기에 곡을 붙인 노래다. 줄거리가 제법 긴 노래를 소곤소곤 감칠맛 나게 한 구절도 놓치지 않고 읊조려댄다. 꼬맹이의 조그만 입으로 솔솔 풀어내는 어린 왕자의 슬픈 얘기에 취해 어른들은 모두 눈물을 찍어냈다. 어머니, 아버지도 당신들이 가장 사랑하는 막내아들의 자손이 벌써 이렇게 컸나 싶은 뭉클한 감동에 눈물을 글썽이신 것 같았다.

효도는 물질적인 대접이 아닌 것 같다. 부모님 마음을 즐겁고 편안하게 해드리는 것이 진정한 효도인 것인데 왜 실천이 잘 안 되는지 모르겠다. 오늘 꼬맹이 조카들의 작은 음악회가 어떤 큰 효도보다도 몇 백 배, 몇 천 배 부모님들을 즐겁게 해드린 것 같아 두고두고 기억에 남을 휴가가 될 것 같다.

할머니

가을볕은 이제 비스듬히 누웠다. 오직 바깥으로만 달아오르던 열정을 삭여 넉넉한 눈빛으로 복닥거리는 세상사를 관조하는 것만 같다. 얼굴 가득 머금은 은근한 미소가 내 할머니의 인자스런 모습과 닮아 있어 아련한 그리움을 품고 종일 빛바래기 해본다.

할머니는 상당히 슬기로운 분이셨다. 비록 언문조차도 깨치지 못하고 불과 열네 살 어린 나이에 한 살 어린 신랑한테 시집을 왔으나 당신의 말로는 보리방아 찧고, 삼 삼고, 뽕잎 따서 누에도 치고, 밤새워 물레질도 곧잘 했다고 한다.

열네 살밖에 안된 요즘 아이들로 치면 여중 1학년짜리가 웬걸 그리 힘든 일을 거뜬히 해냈으랴마는 엄한 시어머니 밑에서 죽자고 남들 하는 시늉은 다 냈다고 한다. 친정이 가난하여 시집 올 때 혼수도 변변찮아 초장부터 시어머니 눈 밖에 나서, 일도 못하는 것이 밥만 많이 먹는다고 구박도 어지간히 받고 더러는 부지깽이로 장딴지를 얻어맞는 일도 있었다고 한다.

그런 연고로 할머니는 텔레비전 연속극에서 시부모에게 불손한 젊은 여자가 나오면 마치 당신 딸이 그러기라도 하듯 격분하셨다.

"시방 것들은 너무 편해서 탈이야. 물동이 여서 가마솥에 관솔 때고 일꾼들 점심을 해대봐야 호강이 턱 밑까지 치받친 걸 알지 쯧쯧…."

그런데 할머니는 당신 며느리에게는 전혀 시집살이를 시키지 않았다. 예로부터 시집살이 호되게 당한 사람이 실제 겪은 것보다도 훨씬 더 가혹하게 며느리 시집살이를 시킨다고 한다. 어디 전부가 그러랴마는 아주 근거 없는 얘기는 아닐 성싶다.

할아버님은 서당 훈장을 하다 일제 강점기 때는 강습소를 열어 장가가도록 글눈을 못 뜬 마을 청년들을 모아 가르쳤다. 어렴풋한 기억으로도 할아버님이 어찌나 엄하게 학생들을 다루시던지 안에서 몇 칸 건너 있는 사랑방은 바라다보기조차 겁이 났었다. 할머니는 천생 여필종부의 표상이듯, 호통 치는 남편에게 아녀자의 좁은 속을 내비추지 않았다. 오히려 잔잔히 흐르는 미소에서 신 새벽에 떠 놓은 정화수 같은 신비함이 묻어났다.

볕 고른 툇마루에 앉아 상 위에 콩을 쏟아놓고 고를 때는 그 고요함이 마치 면벽하고 앉아 참선에 든 노스님을 떠올리게 했다. 더위가 물러가면 부드러워진 가을볕에 앉아 마당 가득 고추를 널어놓고 말렸다. 한 개씩 일일이 먼지를 닦아내고 꼭지를 따는 지루한 동작을 반복하면서도 할머니는 그 일에 흠뻑 빠져들어 가사노동조차도 유희처럼 즐기셨다. 손녀를 무려 넷이나 둔 것도 할아버님과는 달리 별반 애석하게 받아들이지 않았다. "이놈들, 진작 이런 고추 한 개씩 달고 나왔으면 네 어미 애간장 다 태우지 않았지" 하시며 어린 우리들 사타구니에 고추를 다는 시늉을 하였다.

당초처럼 매운 시집살이를 당할 때도 가을바람과 같이 숨구멍을 터 준 것은 바로 자신의 재치였다. 갓 시집 온 새댁이 아직 대문 밖 출입도 못 할 때, 뒷담 너머로 들려오는 '어랑 영감'의 구슬픈 노랫가락은 할머니의 심경을 울리기도 웃기기도 했었던 모양이다. 어릴 적에 장질부사를 앓아 수족이 시원찮은 '어랑 영감'은 늘 혀 짧은 소리로 '어랑 어랑' 하며 고개를 넘곤 했다. 그리고 몇 년이 흐른 뒤, 길에서 마주친 어랑 영감은 실제로 좀 모자란 빛이 역력했다. 장죽을 차고 걷다가 담뱃대가 뒤로 가 눈에 안 띄면 "내 담뱃대 어디 갔나?" 하다가 도로 앞으로 밀려오면 "여기 있구나!" 하는 어랑 영감의 바보짓을 흉내까지 여실히 내주셨다.

할머니가 돌아가시기 불과 이태 전이었다. 노인들의 수발을 들던 옥이가 집안 사정으로 오랫동안 정들었던 우리 집을 떠나게 되었다. 물론 그 아이도 할아버지 밑에서 한글을 깨우쳤다. 귀향해서 부쳐온 첫 번째 편지를 보고 식구들은 배를 잡고 웃었다. '저는 잘 있습니다. 할아버지, 할머니도 요사이 충실하신지요?' 이 대목에서 할머니는 웃지도 않고 농담을 하셨다.

"그래, 요새 엉금엉금 긴다고 해라. 곧 걸음마를 뗄 것이다."

할머니에 대한 추억은 실꾸리 풀리듯이 끝없이 풀려나온다. 정겨운 이야기가 늘 잔잔하게 들려오는 요술주머니처럼 기억된다.

또한 할머니는 우리들이 어머니로부터 종아리 맞고 피할 수 있는 최대의 보루였다. 내 유년을 쓰다듬어 볼 때, 할머니가 일찍 돌아가신 우리 아이들은 참 안됐다는 생각이 든다. 요즈음 세대가 모두들 핵가족을 원하고 실행하고 있지만 할머니 할아버지 밑에서 따끔한 가르침도 또 넉넉한 관용도 받고 자란 우리 세대가 퍽 행복했던 것 같다. 통계상에서도 대가족 안에서 성장한 사람은 성격이 원만하고 대인관계도 별반 문제없음을 볼 수 있다.

어떤 이들은 할머니가 무조건 응석만 받아줘서 아이들이 자립심도 없고 버릇이 나빠진다고 불평을 하지만 적절 할 때, 쓰다듬어 주는 따스한 손길이야말로 가장 효과적인 약손이 될 것이다. 아버지 부재의 자리를 할머니 할아버지가 메워줌으로써 빗나갈 수 있는 떡잎을 일찍이 바로잡을 수 있을 것이라는 생각이다.

친 조부모를 일찍 여읜 우리 아이들은 방학 때마다 외가로 사랑 듬뿍 받기 나들이를 하곤 한다. 그곳에서 며칠 지내다 보면 날 서 있던 딸아이의 귀난 부분이 두루뭉실하게 되는 것 같다. 그 나들이가 설령 선녀의 날개옷으로 바위 스치기에 불과할지라도 할 수만 있다면 영원히 계속하고 싶은 간절한 여행이다. 사십이 넘도록 철부지인 채로 부모님 앞에서 마냥 어리광을 부려대는 나의 저의가 다분히 포함된 여행임을 부인 할 길이 없다.

할머니는 돌아가실 때에도 초인적인 인내심을 자식들에게 보여주셨다. 일흔 노령에 겪는 간암은 본래 몸이 약했던 할머니를 앙상한 뼈만 남게 만들었다. 까맣게 타들어가는 얼굴로도 자식들을 대하면 만면에 미소를 띠었다. 삼촌이 의사 친구를 불러와 진통제를 주사하는 것이 자식들이 할 수 있는 방법의 전부였다. 모든 암 중에서 간암의 진통이 제일 크다고 하는데 할머니는 입 밖으로 신음조차도 흘리지 않으셨다. 한평생 살아오신 삶만큼이나 정갈한 임종으로 우리 곁을 홀연 떠나셨다.

할머니가 고인이 된 지 벌써 스무 해가 넘었다. 가을의 넉넉한 햇살은 어김없이 찾아와 나의 가슴을 어루만진다. 할머니의 따스하던 손길처럼….

세상구경

경남문단에서 각별하게 지내고 있는 서여사가 연락을 해왔다. 마산에서 몇이 모여 저녁식사를 함께 하자는 제의였다. 모친을 여의고 몹시 상심하는 이와, 맏며느리로 집안 대소사를 챙기느라 환갑을 그냥 넘긴, 두 사람을 위해 사려 깊은 그이가 마련한 자리다. 이러저러 시간을 맞추다 보니 하필, 손님이 호랑이보다도 무섭다는 삼복더위에 날짜가 잡혔다. 내가 항상 차를 몰고 다니니, 뒤풀이에서 맥주 한 잔도 마음 놓고 마시지 못한다는 것을 아시기에 아예 차를 놓고 오라는 당부도 빠뜨리지 않았다.

샤워를 막 끝내고 버스정류장으로 나왔건만 지열이 금방 체온을 달군다. 자동차들이 뿜어대는 열기까지 감안하면 차도의 온도는 족히 40도는 웃돌아 보인다.

대학생으로 보이는 젊은 남녀가 티격태격 다투는 소리가 들려온다. 남학생은 버스가 오지 않으니 택시를 잡아타자는 의견이고 여학생은 여태 기다린 공이 아까우니 조금 더 기다렸다가 버스를 타자고 남학생을 타이른다. 아마도 마산까지는 택시비가 1만 5천 원도 넘게 나올 것이다. 묵은 살림을 하는 나도 택시미터기가 찰칵찰칵 올라갈 때마다 간담이 서늘해지는데 학생의 얄팍한 주머니 사정으로는 부담이 될 것은 뻔한 이치다. 한 푼이라도 아끼려는 여학생의 마음이 갸륵해서 나도 모르게 한 번 더 얼굴을 살펴본다. 역시 야무지게 생긴 모습에서 살림도 깔끔하게 잘 꾸려나갈 것 같은 신뢰감이 든다. 우리 아들도 저렇게 야무진 아가씨를 배필로 삼았으면 하는 생각이 설핏 스쳐 젊은이들을 쳐다보며 민망스러운 웃음을 지었다.

이제 버스는 법원을 지나 검찰청을 지나 도청 앞을 통과하고 있다. 다음 정류장은 도립미술관이라는 방송이 나오는 걸로 미루어 아마도 이 버스는 가던 방향을 버리고 우회전 할 모양이다. 도청 앞을 지날 때마다 잘 단장된 정원에 감탄이 치솟는다. 조성된 지 20년 가까이 되니 나무들이 우람해지고 잔디도 빼곡하게 잘 번져 싱그러운 초록 융단을 펼쳐놓고 있다. 중앙분리대에 심은 배롱나무가 열꽃을 피워 올리고 있다. 여름밤의 불꽃놀이 같기도 하고 정오의 분수대에서 뿜어 올리는 수천 수만의 물방울 같기도 하다. 빨강, 보라, 자주, 하얀 빛깔의 꽃들이 레이스처럼 하늘거린다. 나는 오래 전부터 후텁지근하고 끈끈한 여름을 이겨내는 대가로 정녀처럼 느껴지는 배롱나무의 신비한 꽃을 감상할 수 있다고 생각해왔다. 버스는 어느덧 창원대학 정문에 와 닿았다. 방학인데도 젊은이들이 삼삼오오 떼 지어 유쾌하게 떠들고 있다. 그들의 낭랑한 웃음소리가 무성한 플라타너스 잎사귀에 날아오른다. 한껏 끼를 발휘해 풀어헤친 매무새에도 그들이 아름다운 것은 청춘이기 때문이다. 나도 저런 분방한 차림으로 젊음을 만끽하며 20대를 건너왔건만 왠지 나와는 동떨어진 세상을 엿보는 것 같아 속으로 허전한 바람이 몰아친다. 그들의 유쾌한 웃음소리와 싱그러운 모습을 뒤로 한 채, 버스는 정해진 노선을 달리고 있다. 젊음과는 반대 방향으로 치닫는 나의 인생 여정처럼.

버스는 좌회전 우회전을 거듭하더니 재개발 아파트 앞에서 멈추었다. 철골이 올라가고 있는 공사현장은 바람 한 점 없는데도 먼지가 자욱하게 일고 있다. 27년 전, 창원에 처음 와서 둥지를 틀었던 곳이다. 열 평짜리 아파트에서 큰아이가 초등학교에 입학 할 때까지 살았으니, 네 식구가 생활하기에 얼마나 불편했을까. 그러나 지금껏 남아 있는 아련한 기억은 소박한 이웃들과 오순도순 정겹게 살았던 모습뿐이다. 창원에서 세대수가 가장 많이 밀집돼 있는 곳이라 동대문시장처럼 북적거리던 시장이 주민들이 거지반 떠난 때문인지 썰렁하기만 하다. 되돌아 올 고객들을 기다리며 장터를 떠나지 않는 사람들의 얼굴에서 질긴 생명력을 엿본다. 우리네 인생살이의 고비 고비도 이와 같으리라. 간절하게 바라던 일이 이루어져 온 세상을 얻은 것처럼 기쁘다가도 하루아침에 운세가 뒤바뀌어 수렁에서 허덕이게도 되지 않던가.

버스가 봉암다리를 건너고 있다. 갑자기 젊은 아가씨들이 우르르 오르면서 가물가물 졸고 있던 버스 안이 활기로 가득하다. 전국에서 여성 근로자가 가장 많다는 수출자유지역이다. 처음 이곳에 왔을 때는 퇴근시간에 거리를 가득 메운 아가씨들을 보고 눈이 휘둥그레졌었다. 이 많은 여성들이 어느 곳에 있다가 이렇듯 물밀듯이 밀려오는가 싶어서. 그들의 율동이 그물 가득 건져 올린 생선처럼 퍼덕인다. 이 여성들의 힘으로 조립된 전자제품과 광학렌즈 등이 세계 곳곳으로 수출된다. 또한 이들의 눈물과 땀이 밴 월급으로 고향의 부모님이 논밭을 마련하고 어린 동생들이 상급학교로 진학할 수 있었던 것이다. 이곳에 오면 여성의 강인한 힘이 눈에 보인다. 그리고 안이한 내 삶도 반성하게 된다.

드디어 목적지에 도착했다. 약속시간이 아직 30분이나 남았다. 덤처럼 얻은 이 귀한 시간을 어떻게 쓸까 생각하다 서점으로 발길을 돌렸다. 옛날, 창원에 서점이 없을 때 아이를 업고 장바구니를 들고서도 자주 들르던 이곳은, 내 메마른 생활에서 오아시스와 같았다. 의류점, 구두 가게는 날로 화려하게 번창하련만 책을 사보는 사람은 점점 줄어드는가, 서점이 예전 같지 않고 한산하다. 지난번 수필문학 세미나에서 유경환 선생님이 추천해 주신 『아름다운 우리 수필』 한 권을 골라 들고 신간 책꽂이를 기웃거리는데 누가 등을 툭 친다. 돌아보니, 오늘 저녁을 같이 할 분이다. 그분 손에도 시집 한 권이 들려 있다.

대중교통을 이용했던 불과 1시간 남짓의 감동이 승용차를 몰고 아무 생각 없이 지나친 일 년의 시간보다도 더 깊숙이 가슴에 내려앉았다.

5월 단상(斷想)

5월은 계절의 여왕임에 틀림없다. 햇살은 가만히 다가와 창호지를 두드린다. 아침나절 내내 태엽감은 인형처럼 숨 가쁘게 돌아가던 일손을 놓고, 잠시 창 가까이 다가서서 밀장을 열어본다. 햇볕은 쏴아 하며 폭포수처럼 쏟아져 일순 어질한 현기증이 인다. 빛이 닿은 자리마다 만물은 생명력을 얻고 있는 힘을 다해 제빛을 발한다. 이제 더 이상 고인 물같이 후텁지근한 아파트의 좁은 공간 속에 갇혀있을 수가 없다.

현관문을 박차고 나가는 나는 이미 일상에 절은 옷을 벗어 제치고 훨훨 자유의 날개를 달고 날아오른다. 놀이터 근처에 이르자 짙은 등꽃 향기에 무릇 황홀지경으로 치닫는다. 코끝을 간질이는 바람을 도저히 참을 수 없다는 듯 등꽃은 이리저리로 몸을 뒤채며 더욱 장관을 이룬다.

눈을 들어 앞산을 올려다본다. 산은 항상 어찌나 점잖게 앉아 있는

지 그 앞에서 나의 변덕스러움을 들킬까봐 겁이 날 지경이다. 늠름하게 버티고 앉아 계절에 따라 푸른 옷도, 붉은 옷도, 아주 시리게 흰 옷으로도 갈아입는다. 그중에서 나는 이맘때의 연두색 옷을 가장 좋아한다. 나날이 녹색으로 짙어지겠지만 갓 피어난 잎새들의 청명한 연둣빛은 가슴을 여리게 하기 때문이다.

놀이터 울타리로 심은 개나리가 꽃을 피워 올리고 있다. 갓 깨어난 병아리처럼 오종종한 것이 귀엽기 짝이 없다. 언제라도 쫑긋이 벌린 입으로 재미난 저희들의 얘기를 쏟아놓을 것만 같다. 유년을 반추시키는 개나리보다도 나는 어쩐지 진달래가 더 가슴에 와 닿는다. 활발하고 명랑한 개나리 쪽보다는 은근과 고요를 침잠시켰다가 마침내는 서리서리 맺힌 한을 울컥 토해 올려 피멍울이 된 진달래가 내 마음을 더 한층 사로잡는다.

방울새의 돌돌 구르는 청량한 소리보다 소쩍새의 가슴을 쥐어뜯는 애절한 소리가 더 가슴에 와 닿는 것은 타고난 내 정서의 바탕이런가.

유치원으로 학교로 뿔뿔이 흩어져 임자 없이 텅 빈 벤치에 몸을 앉혀본다. 순간, 주인 없어 멈추어 버린 시이소, 그네, 미끄럼틀의 차디찬 정적이 와락 달려든다. 본래의 용도에 쓰이지 않는 그것들은 이미 시이소가 아니고 그네도 미끄럼틀도 아니었다. 왜 이렇게 으스스한 기분이 드는 걸까, 내 유년의 저편에 섬뜩하게 가로막고 서 있는 성황당처럼.

할머니가 장에 가는 날은 대청마루에 앉아 배웅할 때부터 조그만 가슴이 콩닥거리기 시작했다. 할머니가 집에 오셔서 쥐어주는 누렁 소 눈알만큼이나 둥그런 알사탕과 알록달록한 코고무신은 다섯 살 계집아이에겐 꽤나 벅찬 선물이었기 때문이다.

해가 설핏 기울어 내 그림자를 길게 끌 때, 동구 밖에까지 나가 발을 동동 구르며 할머니를 기다렸던 기억이 어제 일처럼 떠오른다. 금세라도 성황당에서 울긋불긋한 천 조각을 휘날리며 시커먼 도깨비가 튀어나올 것 같았지만 눈깔사탕의 유혹은 어떤 물리적인 힘으로도 떨쳐버릴 수 없는 신기루와 같았다.

나의 속수무책인 이 불안증을 찬찬히 짚어보니 동전의 앞면과 뒷면처럼 늘 내 깊숙한 기억의 방에 내재해 있었던 것만 같다. 타고난 소심함이랄까, 변변치 못해 자신을 추스를 수 없다고나 할까.

아무튼 됨됨이가 부실하여 호사다마(好事多魔)라는 글귀가 늘 내 발치에 밟히곤 하였다. 호사나 경제적인 여유, 식구들의 건강한 나날, 하다못해 아이들이 받아온 백점짜리 시험지조차도 흠뻑 기쁨으로 받아들이기에는 늘 불안하였다. 이제 와서는 어쩔 수 없이 이것이 나의 업보(業報)이거니 하고 체념하게 된다.

복사꽃은 5월의 신부가 되어 하얀 면사포를 쓰고 레이스로 물결치는 드레스를 한발 한발 차며 잔디 위로 나부낀다. 어깨를 활짝 펴고 짐짓 크게 숨을 들이마셔 본다. 가슴속으로 맑은 샘물이 차오른다.

나도 물오른 나뭇가지가 되어 흠뻑 봄을 싸안는다.

엄마의 방

친정 증조모 제사는 삼복(伏) 중에 들어 있다. 대개의 경우 아이들 방학 중에 모시게 되어 간혹 참석할 때가 있다.

지난 제사에, 올케와 주방에서 펄펄 끓는 물에 경단을 익혀내느라 구슬땀을 흘리고 있을 때였다. 슬그머니 사라졌던 어머니는 모시 적삼 두어 개를 내놓으며 갈아입으라 하신다. 몇 접시 사서 쓰면 될 것을 시어머니 고집 때문에 땀 흘리며 애쓰는 며느리가 안쓰러우셨던 모양이다.

손끝에 와 닿는 까슬한 촉감과 눈부시게 흰 색깔만으로도 벌써 더위를 한풀 걷어낸 느낌이 들었다. 소매가 없는 적삼은 막내올케가 입고 품이 넉넉한 것은 내가 입었다. 파르르한 모시 깃 사이로 드러난 올케의 목선이 수려하다. 한 벌씩 걸쳐 입고 거울 앞에서 모양새를 재는 자식들을 바라보는 아버지도 흐뭇하신지 슬그머니 웃고 계셨다.

어머니는 삼베 홑청도 가져다가 침대 위에 씌우라고 따로 싸놓으셨다. 그랬다. 엄마는 곳간에서 끊임없이 무엇인가를 꺼내놓았었다. 당신은 변변한 속옷 한 벌 없으면서도 한평생을 베풀고 살아오셨다.

시할머니와 시부모님 층층시하에서 시동생, 시누이와 우리 육남매를 남들에게 빠지지 않게 공부시키느라 빠듯한 살림을 숨 가쁘게 꾸려오셨다. 열두엇의 가솔이 오로지 아버지 월급에만 기대었으니 육남매 등록금을 때맞춰 틀어막고 나면 나머지 생계비는 모두 어머니 차지였다.

그 시절에는 먹을거리도 풍성하지 않아 삼시 세끼 밥 먹는 걸로 족했다. 학교에서 돌아와 어쩌다 노란 분을 흠뻑 뒤집어 쓴, 찐고구마라도 발견하는 날이면 정신적 포만감이 먼저 배를 채웠다. 소풍 전날에는 특별식이 마련되었다. 이스트를 넣은 밀가루 반죽 함지박을 아랫목에 묻어두고 그 곁에서 잠을 잤다. 알맞게 부풀었을 때, 찐빵을 만들려고 어머니는 밤새껏 잠도 편히 자지 못했다.

공산품이 제대로 만들어지지 않던 시대였으니 시어른 한복은 물론이고 우리 형제들의 옷도 으레 어머니가 만들어 입혔다. 소풍을 간다거나 특별한 상을 받을 때 엄마는 동대문시장 포목점에 나가서 알록달록 무늬가 고운 포플린 옷감을 끊어오셨다.

몸의 치수를 재고 마름질을 하여 재봉틀로 달달달 옷감을 박는 며칠 동안은 꿈결처럼 즐거웠다. 신데렐라가 따로 없었다. 어머니는 새옷 뿐만 아니라 무릎이 닳은 골덴 바지도 감쪽같이 수선해 놓았다. 사과나 해바라기 등을 보기 좋게 아플리케 해 꼼짝없이 기운 옷을 입게 만들었다. 어머니 발치에서 단추를 고르고 실꾸리를 매만지며 자투리 천을 오려 인형 옷을 지어 입히는 일은 꿈을 꾸는 일이었다. 그 형형색색의 무늬에 이끌려 상상의 세계를 넘나들던 기억은 내 유년의 가장 소중한 부분이다.

어머니는 몸집이 자그마하다. 어깨가 좁고 동그스름해 유난히 한복이 잘 어울린다. 연분홍 숙고사 한복을 차려 입으면 일흔의 모습은 온데간데없고 아직도 새색시처럼 곱기만 하다. 어디 그 풍겨오는 단아함이 하루 이틀에 배인 것이겠는가. 한평생 자신을 살라 식구들을 건사하느라 닳고 씻긴 인품이 자연스레 드러나는 것이리라. 식구들 자랑을 팔불출로 여기는 아버지도 슬며시 '자신을 죽이고 항상 상대를 먼저 배려하는 희생적 성품'이라고 어머니 공을 치하하셨다. 오십 년을 넘게 해로한 배우자에게서 이쯤의 평가를 받을 수 있다면 분명코 성공한 삶이라고 말할 수 있으리라.

가끔씩 어미의 자리를 놓고 회의에 빠질 때가 있다. 자식들의 의견을 존중해서 민주적인 사람으로 키워야겠다고 머리로는 생각하면서도 막상 이견을 내세우면 마음의 평정을 찾기가 쉽지 않다.

어머니는 당신의 잣대를 휘둘러 자식을 평가하지 않았다. 육남매 나름의 개성과 인격을 각각 인정하고 존중해 주었다. 몸이 약해 소풍만 갔다 와도 골골거리는 셋째딸을 형제들 모두가 배려하도록 유도했다. 몸과 마음이 꿋꿋해서 노력만하면 성과를 거둘 수 있는 자식에게는 한 치의 게으름도 용납하지 않고 회초리를 드셨다.

자식들은 부모가 사는 모습을 그대로 가슴에 담는다고 한다. 어머니는 요즈음 사람들처럼 교육학을 배운 바 없어도 일찍이 그 문리를 터득하신 것이었다. 어머니인들 왜 가슴 저미는 시간이 없었겠는가. 그 속을 삭이려 늘 반야심경을 손에 들고 계셨다. 이른 새벽 골방에서 낭랑하게 들려오는 어머니의 독경소리에 눈을 뜨곤 하였다. 그곳은 비록 남루한 공간이었으나 평등한 인간으로 존재하는 어머니만의 온전한 세계였다. 법열의 세계에서 방금 나오신 어머니의 얼굴은 세속의 풍랑을 걷어낸 부처의 얼굴과 닮아 있었다. 그 환한 빛으로 식구들은 아침을 맞이하였다.

해가 지면 어서 깃들고 싶은 넉넉한 품이고 지친 육신이 돌아가 낮잠이라도 늘어지게 자고 싶은 넉넉한 나무-, 아낌없이 주는 나무가 바로 어머니의 존재가 아니던가.

2

5월의 데이트

- 자기공명의 터널을 지나며
- 직 업
- 5월의 데이트
- 온돌방에 대한 향수
- 꿈에도 그리던 국민학교
- 거목, 문신(文信)
- 첫걸음
- 새벽을 여는 사람들
- 정식이의 노래
- 합창이 절실할 때
- 독서의 생활화를

자기공명의 터널을 지나며

진작, 내 몸에서 일어나는 현상에 귀를 기울였어야 했다. 몸은 끊임없이 신호를 보내왔으나 우매한 마음이 그것을 소홀히 여겨왔다. 정신이 깃들어 있는 소중한 그릇이 육체라는 것을 털끝만치도 인식하지 못하고 긴 시간을 보냈다.

심장을 빠져나온 건강한 피가 온몸 구석구석까지 산소를 실어 나르고 미세한 실핏줄을 거치며 노폐물을 가득 실은 정맥이 된다. 노병처럼 기진맥진해 돌아오는 정맥은 고른 영양 섭취를 통해 비로소 왕성한 동맥으로 재생된다. 나는 도무지 그 위대한 인체의 순환 원리를 인정하려 들지 않았다. 어느 날 그렇게 방치되었던 몸은 비명 한 번 지르지 못하고 와싹 주저앉았다. 나의 나쁜 식습관 때문이었다. 한의사는 고개를 갸웃거리며 맥이 잡히지 않는다고 했다.

'밥상을 차리는 여자'라는 부제가 붙여진 소설을 읽은 적이 있다. 「겨울의 幻」이라는 원제의 미감을 삭감시키며 굳이 평이하기 짝이 없는 부제를 붙였을까, 최소한 소설을 읽기 전까지는 속단했다. 그러나 마지막 책장을 넘기며 나는 작가의 의도를 간파하고 무릎을 쳤다. 흔히들 하찮게 여기는 일상에 대한 푸대접을 하루 세끼 밥상에 비유했던 것이다.

매끼, 졸아붙은 된장에 물을 조금 더 부어 끓여주는 성의 없는 밥상에 소녀는 진저리를 치며 성장한다. 운명처럼 내림한 모계의 풀리지 않는 매듭을 붙잡고 엎치락 뒤치락거리며 주인공은 어느덧 중년을 맞는다. 삶에 대한 의욕이 모두 잦아진 어느 날 그녀는 상실한 기억을 되찾듯 문득 깨어난다. 그리고 온전히 자신만을 위해 따뜻한 저녁상을 차리기로 마음먹는다. 그녀의 청춘을 앗아가 버린 것이 다름 아닌 자신의 수동적 생활 습관이었음을 자각하는 시간이었다.

책장을 덮고 나서도 한참을 그 여운에서 벗어나지 못했던 걸로 기억된다. 자신의 문제는 접어두고라도 주부로서 또 어미로서 직무유기한 내 죄가 납처럼 가슴을 짓눌렀기 때문이다.

"먹갈치 1마리가 고기 한 근보다 비싸요. 어째 싸다 싶으면 일본산이고."

"간갈치가 값에 비해 영 실속이 있어요. 내가 소금 친 것보다 더 간이 잘 맞아요."

"은행잎을 양파망에 담아 싱크대 아래 넣어 두면 바퀴벌레가 없어지는 거 아세요?"

"참, 완두콩 많이 날 때 사다가 삶아서 냉동실에 넣어두면 일 년 내내 얼마나 요긴하게 쓰인다구요."

찬거리를 준비하며 도란도란 나누는 그녀들의 살림 지혜를 나는 존경스럽게 바라 볼 때가 있다. 그녀들의 부지런함과 알뜰살뜰한 살림솜

씨를 부러워하면서도 내가 쉽게 실천에 옮길 수 없음에는 나름대로의 변이 있다.

여고 시절 여한 없이 먹고 싶던 떡볶이, 호떡, 냄비우동 이후로는 도무지 음식에 대한 특별한 욕구가 일지 않는 것이다. 그래서 미식가들이 만사 제쳐놓고 어디어디로 무엇을 먹으러 다닌다는 것이 내게는 실감이 나지 않는 일이다. 남편이 직장에서 저녁을 들고 오는 것도 내 불규칙한 식사습관을 부추긴 셈이다.

20년 동안의 불규칙한 식습관에 10년 가까이 운동이라고는 하지 않았으니 이런 홀대를 받고서 강철인들 견뎌낼 수 있었을까.

당연한 결과로 교통사고를 당했을 때 같은 강도의 충격을 받고서도 나의 척추는 견뎌내지 못하였다. X-레이를 부위별로 다 찍었건만 특별한 이상이 발견되지 않았다. 그러나 2주 넘게 치료를 받아도 차도는 커녕 일어나 앉을 수조차 없었다. 통증을 간절하게 호소하자 신경외과 과장이 최후통첩처럼 처방전을 내었다.

“값이 좀 비싸지만 MRI 촬영을 해보십시다.”

천왕봉을 오르고도 오금이 저려 절경을 제대로 만끽하지 못하는 담력인데 자기영상촬영을 한다는 것은 대단한 모험이었다. 부들부들 떨리는 몸으로 촬영실로 향하는 지하 계단을 밟았다.

자기영상촬영기기는 흡사 우주선 캡슐 같기도 하고 도자기를 구워내는 가스 가마 같기도 한 틀이었다. 기사는 몸에 지닌 금붙이를 제거하라며 입안의 보철까지도 확인했다. 긴장을 풀고 안심하라는 당부와 함께 예상 소요시간을 말한 뒤 스위치를 올렸다. 탄차가 갱 속으로 레일을 타고 가듯 내 몸도 유연하게 터널 속으로 미끄러져 들어갔다. 굉음과 함께 촬영기가 몸을 샅샅이 훑고 지나가기를 1시간 남짓. 초조한 상태에서 허무맹랑한 생각이 들기 시작했다. 혹 자장의 남발로 뇌가 손상돼 치매가 오는 것은 아닐까? 정전 같은 예기치 못한 사태로 이대로 영원히 터널에 갇힐 수도 있겠구나. 때맞춰 유리관 속에 재현시킨 공주 무령왕릉 석관실이 떠올랐다. 여유를 부리던 사고가 일순 찬물을 끼얹듯 방향을 틀기 시작했다.

만일 척추의 치명적 손상으로 이제 정상적 생활을 할 수 없게 된다면…. 생각이 거기에 미치자 나태했던 하루하루가 후회되기 시작했다. 사람으로 태어났다가 무엇 하나 번듯하게 세워놓은 것이 없었다. 그렇다고 착실한 주부역할을 해낸 것도 아니고 어진 어미노릇을 한 것도 아니었다. 만일 결과가 양호하게 나온다면 하루를 한 달같이 열심히 살리라.

다행히도 촬영기사는 나의 참회를 받아주었다. 척추 3, 4마디 추간판이탈이라는 조건부 면죄부였다. 침으로 찌르고 전기파 충격을 가하고 가죽끈으로 목을 잡아 늘리는 물리치료를 6개월이나 받았다. 일상생활을 고스란히 바친 신고의 시간을 거쳐 몸은 회복되었으나 불규칙한 나의 식사 습관은 아직도 뜯어고치지 못하고 있다. 세살버릇 여든까지 간다더니 정말 무덤 속까지 갖고 가려나….

직업

한창 때의 청소년 둘을 둔 우리 내외의 관심사는 아이들의 진로문제에 온통 쏠려 있다. 하루가 다르게 머리가 굵어져서 집안이 꽉 찬 듯 대견스러우면서도 한편으로는 장래가 걱정 되어 틈만 나면 토론을 벌인다.

96년 학기에 맞춰 민족사관고등학교가 설립된다고 세상이 떠들썩하다. 창립자는 유가공업계에서도 독불장군으로 통하는 최회장이라고 하였다. 학생 한 명에 선생님 한 분씩이고 학생 1인당 드는 교육비가 한 달에 5백만원이 넘는다고 한다. 그렇다면 학교 운영비가 줄잡아 매년 20억이 넘는다는 결론이다. 그 기하급수적 수치를 떠올리며 이상적인 교육제도에 찬사를 보내면서도 한편으로는 믿기지 않는 미궁 속으로 빠져들게 된다.

과거에 재벌그룹들도 대학을 인수했다가 수지타산이 맞지 않아 간단하게 학교를 팔아넘겼듯이 기업들은 단지 이윤추구에만 급급하지 않았던가. 그래서 최회장의 학교 설립 목적이 실로 의외로 여겨진다. 사회에서 번 돈은 마땅히 사회에 환원시키되 그 방법으로 국가에 이바지할 인재양성에 나머지 생애를 걸겠다고 호언장담하는 최회장의 얼굴에 자신감이 넘쳐흘렀다.

최회장은 은행원으로 사회에 첫 발을 내디뎠다. 부친상을 당하고 나서 보다 나은 수입을 위해 택시기사로 또다시 운송업으로 나아갔고 중동 붐을 타고 돈을 많이 벌어 목장 마련할 터전을 일구었다고 한다.

사람에게 있어 천직이란 따로 정해져 있는 것이 아닐는지도 모른다. 흔히 말하기를 인생에 있어 진로를 바꿀 기회가 3번 주어진다고들 한다. 그 기회를 잘 포착해 운용의 묘를 살린 사람을 일컬어 성공한 삶을 누리는 이라 말한다.

오랫동안 하던 일을 과감하게 던져버리고 엉뚱한 직업을 택하는 경우를 주변에서 간혹 볼 수 있다. 환자를 잘 치료하던 개업의사가 기반을 잘 다져놓고도 어느 날 느닷없이 가운을 바꿔 입고 주방으로 들어가 음식점을 경영한다든가, 힘든 경쟁을 뚫고 우수한 대학 법학과에 입학했던 사람이 몇 년 방황 끝에 서양학과로 편입해서 화가의 길을 걷기도 한다. 제일 가까이에 있는 남편만 해도 고교 시절에 적성이 제대로 파악됐으면 공과 대신 법학을 택했을 거라는 아쉬움을 보일 때가 있다.

몇 년 전, 괌에 갔을 때였다. 험악한 정글 투어의 안내자가 픽업을 운전하는 여자였다. 괌은 미국령이지만 주민들은 태평양 섬들 대부분이 그렇듯이 원래 마우리족이다. 아주 뚱뚱한 사람은 예외이나 키가 자그마하고 황색피부에 코까지 납작한 것이 우리 모습과 흡사해 친근감이 들었다. 운전기사 옆자리에 앉게 된 나는 짧은 회화 실력으로 더

듬더듬 대화를 이어갔다. 여기사의 영리해 뵈는 눈빛이 가슴에 포옥 파고들어 개인적으로 퍽 관심이 갔다.

그녀는 괌에서 태어나서 고등학교까지 다녔는데 좁은 섬이 자신을 가두는 것 같아 미련 없이 탈출을 시도했다고 한다. 어렵게 본토로 건너가서 갖은 고생 끝에 치과대학을 마치고 병원 근무를 10년 가까이 했었는데 떠나갈 때와는 반대로 고향이 그리워 밤마다 꿈을 꾸고 눈물을 흘렸다고 한다.

결국엔 괌에 돌아와서 관광 가이드를 하고 있는데 그렇게 만족할 수가 없다고 한다. 그리고 자신이 태어난 섬의 아름다움을 혹 관광객이 놓치고 갈까봐 구석구석을 세밀하게 안내한다고 한다. 공들여 안내하는 그 모습에서 고향을 사랑하는 절절한 마음과 행복감이 그대로 전해져왔다.

에메랄드빛 해안을 달려 정글에 당도하였을 때, 우리 일행은 한 남자를 발견하고 눈이 휘둥그레졌다. 갸름한 얼굴에 긴 머리채를 늘어뜨린 모습이 흡사 예수처럼 보였다. 게다가 눈에서 형형한 빛이 퍼져 나와 그 눈길에 닿으면 몸이 얼어붙는 것 같았다. 밝고 상냥한 여가이드와는 또 다른 분위기로 관광객의 관심을 모았다.

그 남자는 유대계 미국인으로 사학을 전공하고 하와이에서 역사 선생을 했었는데 여행 중에 괌에 들렀다가 그만 그곳에 반해서 아예 눌러 앉았다고 한다. 정글 속에 선사시대의 움집터가 있는데 그곳을 들락거리며 관광객의 식사 시중을 드는 그는 그 시대에서 막 걸어 나온 사람마냥 천연덕스러웠다. 자연과 어우러져 무구하게 사는 그의 삶이 부러워서 돌아와서도 한동안 그곳을 그리워하였다.

약속 시간이 남아 있을 때 발길이 닿는 곳이 있다. 은행 계단 밑에 있는 젊은 부부의 일터이다. 자신의 일에 몰두하는 사람은 참으로 아름답다. 보석을 쪼듯 구두코를 광내는 그들의 노동이 더할 나위 없이 값져 보인다. 콧잔등이며 옷자락에 거뭇거뭇하게 구두약을 묻히고도 아침 햇살 같은 미소를 띠고 있다. 가만히 보고 있자면 그들의 평온이 내게로도 물살지어 온다. 자신의 분복을 깨닫지 못하고 끝없이 방황하는 무리들과는 천양지차의 사람들이다. 자신 앞에 놓인 삶을 온 정성으로 살아가는 사람이 세상에서 제일 아름다운 것 같다. 우리 아이들은 어떤 일에 자신의 혼을 불어넣으며 살 것인지 아직 미지수로 남아 있다.

(1995년)

5월의 데이트

음력 사월 초아흐레.

오늘도 어김없이 집을 나섰다. 길게 늘어진 연등이 바람에 가늘게 몸을 떨고 있다. 간밤의 비바람 덕분에 황사가 말끔히 걷혔나 보다. 청량한 대기 속으로 훈풍이 불어온다. 눈을 지그시 감고 미세한 공기의 입자 하나라도 놓칠세라 달게 심호흡을 해본다. 아, 송홧가루가 날아오르듯이 황홀감이 나를 사로잡는다.

엊그제 연약한 새순을 틔우는가 싶더니 벌써 들녘은 짙은 초록이다. 여기저기서 녹음의 속삭임이 은밀하게 들려온다. 문득 풍겨오는 꽃향기에 촉각이 곤두선다. 비로소 눈을 들어 먼 산을 바라다본다. 온 산이 눈을 뒤집어 쓴 듯 하얗다. 아카시아다. 제 흥을 주체할 수 없어 온몸을 뒤틀어대며 꽃을 피우고 있지 않은가.

마을 어귀마다 오동꽃은 짙은 그리움으로 인해 보랏빛으로 물들었다. 나의 그리움도 이맘때가 되면 더욱 찰랑거리며 둑을 넘곤 한다.

내게는 소중한 소반이 하나 있다. 금방이라도 땅을 박차고 주인에게로 내달을 듯이 날렵한 호랑이다리 모양의 소반이다. 그분이 조촐한 찬에다 아침, 저녁을 들던 상이다. 내가 그 소반을 처음 본 것은 10여 년 전이다. 곳간 시렁 위에서 먼지를 뽀얗게 쓰고 앉아있는 것을 발견했을 때 날듯이 기뻤다. 귀가 길에 털털거리며 달리는 시외버스 안에서도 소중하게 끌어안고 와 거실에다 고이 모셔놓았다. 나는 매일 그분과 대화하듯 마주 앉아 소반을 닦고 또 닦는다. 이 소반이 내가 그분에게 닿을 수 있는 유일한 통로다. 외롭고 쓸쓸할 때는 마주하는 빈도가 더욱 잦아진다. 팔남매의 둘째인 그분은 객지로 뿔뿔이 흩어진 형제를 대신하여 고향에 남아 맏이 역할을 묵묵히 해냈다. 젊은 혈기를 삭히며 가문을 지켰을 그분의 고뇌와 땀이 배인 것 같아 반들거리는 얼굴을 가만히 쓸어본다. 그분을 그리며 기름걸레질을 하다 보면 어느새 내 마음의 소용돌이도 가라앉는다. 호랑이다리소반도 화답하듯 반들반들 윤을 낸다.

벌써 그분을 뵈러가는 것이 스무 번째다. 일 년에 한 번, 그분을 뵈러가는 날은 그리움과 설렘으로 가슴이 벅차다. 어떤 만남이 이보다 더 절실할 수 있을까. 그분은 나에게 한 번도 실망을 안겨준 적이 없다. 나의 마음을 아프게 하지도 않을 뿐더러 헛된 약속으로 허망함을 남기지도 않는다. 나의 종알거림을 마다하지도 귀찮아하지도 않는다. 그저 가끔씩 얼굴 가득 환한 미소만을 띨 뿐. 때론 이런 묵묵부답이 나의 가슴을 더욱 미어지게도 한다. 나의 무례와 방종을 따끔하게 타일러 주기를 바라지만 그분은 늘 그 자리를 지키고만 계신다.

나는 세상의 누구에게보다 더 깊은 존경심과 애정을 갖고 그분을 맞이한다. 그분을 뵈러가는 날은 며칠 전부터 마음이 들뜬다. 이번엔 어떤 문안으로 그분의 마음을 즐겁게 해드릴까, 머리를 단정하게 매만지고 옷차림도 정갈하게 한다. 그분에게 대접할 음식을 각별하게 마음 써서 장만하곤 한다. 깊은 산에서 나는 더덕이나 두릅, 취나물은 아무리 비싸더라도 눈 질끈 감고 사서 바구니에 담아간다.

의령 송도 다리를 건너 가마골에 다다르면 그분은 선걸음으로 내달아 나를 맞이한다. 때론 허연 수염을 늘어뜨린 신선 같은 모습으로 논두렁에 앉아 시원한 막걸리 사발을 들이켜기도 한다. 부지깽이도 아쉽다는 농번기에는 점잖으신 체면을 뒤로하고 아이를 떼어 안고 자잘한 부엌일도 도와주신다.

깜빡 졸면서, 아들아이가 실팍한 어깻죽지로 그분을 감싸 안고 사랑방으로 들어가는 환영(幻影)을 얼핏 보기도 한다. 그분은 가셨지만 그 넉넉한 품성은 피로 흘러 내 아이에게로 닿아 있는 것이다. 아이의 아빠를 내게 보내어 생명의 줄을 잇게 한 그분을 나는 막연히 가슴속으로만 짝사랑하고 있는 것이다. 그분의 너른 품에 기대 응석을 부리러 나는 일 년 내내 감미로운 5월을 기다린다.

사진 속에서 희미하게 웃고 계시는 그분은 내 그리움을 스무 해나 키워 온, 한 번도 뵌 적 없는 나의 시아버님이시다.

온돌방에 대한 향수

지은 지 오래된 아파트가 되다보니 어느 한 구석 성한데 없이 나날이 허물어지고 있다.

이태 전에 대대적으로 사택 개량을 했었다. 어느 외과의사가 말기 암환자의 배를 열었다가 암세포가 이미 복부 전체로 전이된 것을 알고 도로 덮었다는 얘기를 들은 적이 있다. 이 경우처럼 사택도 비슷한 상황이 벌어졌다.

방마다 낡은 보일러관을 바꾸는 대신, 방바닥 콘크리트를 한 꺼풀 깨내고 도시가스보일러용 수지관을 새로 놓고 그 위에 콘크리트를 다시 입혔다. 녹슨 관을 타고 빨건 수돗물이 쏟아지는 것을 바로 잡으려고 프랑스에서 수입한 기계로 특수코팅을 했다. 살림을 살면서 수리를 하는 불편을 감수했건만 결과는 허무했다. 마룻장을 뜯어내고, 콘크리트를 깨내고, 개미집 쑤셔놓듯 온통 수선만 떨었지 수리 전보다 편리해진 점이 없었다. 그 통에 사택에 공짜로 사는 대가를 눈물이 쏙 빠지도록 치른 셈이 되었다.

내장공사를 마치고도 도시가스가 들어오지 않아서 근 달포를, 냉골에서 자는 신세가 되었다. 가을이 이미 깊어 잔디밭에 텐트를 칠 형편도 못되어 포개더라도 집안에 잠자리를 마련해야 했다. 뜯지 않은 곳이라고는 오로지 거실의 손바닥만한 공간밖에 없었다. 그 좁은 공간을 안방으로 탈바꿈시켜야 했다. 우선 TV가 잘 보이는 자리를 찾아 보따리를 옮겼다. 전에는 시간제로 틀어주었으나 먼지 풀썩이는 곳에 쪼그려 앉은 아이들이 할 수 있는 일은 그것뿐이기 때문이다.

뽀얗게 쌓인 시멘트가루를 닦아내고 창고에 두었던 매트를 꺼내서 마룻바닥에 깔았다. 그 위에 전기담요를 깔고 앉아 이불을 덮으니, 궁둥이 밑이 따뜻해지면서 몸이 노글노글하게 풀어졌다. 꼭 온돌방 아랫목에 앉아 있는 것 같은 착각이 들었다.

공사가 두 달 가까이 지연되자 식구마다 불평을 해대 불화가 잦았다. 사소한 일에도 자주 부딪쳐 기분을 잡치기 일쑤였는데 몸이 풀어지니 엉클어진 마음도 진정되는 것 같았다. 그 모든 속상했던 마음을 한순간에 보상받는 기분이 들었다. 손바닥만한 공간이 요술처럼 아늑한 보금자리로 탈바꿈했다.

아이들이 따로 제방을 쓰고부터는 부모와 남매 사이가 왠지 서먹해지는 것 같았는데 이불을 덮고 한자리에 모이자 가족애가 살아나는 것 같았다. 다리를 포개고, 사타구니를 간질이는 통에 서로의 마음도 뒤섞이는 것 같았다.

역시 딸아이가 가장 좋아하였다. 만 두 살 적부터 동생에게 떠밀려 큰아이 취급만 받아온 딸애는 알게 모르게 소외되어 엄마의 애정에 목말라 했다. 그래서 젖을 빨듯 제 입술을 빨거나 머리카락을 뱅뱅 꼬는 버릇이 생겨났다. 물론 이런 동작은 여느 아이들도 거치는 구순기에서 비롯된 버릇이라지만, 어미로서는 예삿일로 여겨지지 않았다.

요즘 아이들에겐 사춘기도 일찍 찾아오는 건지 나의 중학 시절 현상이 벌써 딸아이에게 나타난다. 몇 마디만 나무라면 제 방 문을 탁 닫고 들어가서 잠가버린다. 방문 밖으로 밀려난 어미는 안에서 아이가 무얼 하는지 궁금하기 짝이 없다. 오늘은 이불 덮고 머리 맞대고 앉은 김에 딸아이의 관심이 어떤 곳에 쏠려있나 캐보려 짐짓, 덩치 큰 아이의 엉덩이를 쓸어준다.

보일러로 공기를 데우는 난방 방식은 서구문명의 산물이다. 그렇기에 앉을 때에도 궁둥이를 바닥에 붙이지 않고 의자 위에 덩그렇게 올라앉는 것이 그들의 관습이다. 그리고 방이 열 개면 열 개 다, 스위치 하나로 난방이 가능하다. 그러하니 자연히 식구가 거실에 잠깐씩 모여 앉았다가 뿔뿔이 제 방으로 흩어진다. 그리고 각기 문을 닫고 제 일을 혼자서 치러낸다.

보일러 방은 뜨끈뜨끈하다가도 스위치를 내리는 순간 거짓말처럼 싸늘하게 식어버린다. 그러나 온돌방은 전혀 다르다. 온돌에 사용되는 구들장 돌은 열전도율이 금속보다 훨씬 느리다고 한다. 그러나 일단 달궈지고 나면 열기가 오래도록 지속되므로 쉬이 식지 않는다. 은근하고 푸근한 한국인의 정서야말로 온돌 난방법에서 연유된 것이 아닌가 한다.

첨단기기가 사람을 차지하고 숨 가쁘게 돌아가는 세상에 가족들은 언제 틈을 내 한 자리에 모여 앉을 수 있을 것인가. 사춘기에 그랬고 처녀적도 그렇고 하루 종일 아이들과 부대낄 때에도 홀로 있을 공간이 절실하게 필요했다. 그러나 지금은 전혀 다른 생각을 갖고 있다. 바쁜 식구가 한 자리에 모여 오래도록 대화를 나누자면 밥도 먹고 TV도 보고 독서도 하는 곳이 한 장소에서 이뤄졌으면 싶다. 온 가족의 공감대를 형성할 수 있는 곳, 바로 옛날 우리 한옥 안방과 같은 곳 말이다.

꿈에도 그리던 국민학교

얼마 전, 40년 전에 졸업한 국민학교(초등학교)를 방문했다.

아들아이 이사를 해주러 서울에 갔다가 차를 갖고 나선 김에 모처럼 마음먹고 모교를 찾아 나섰다. 서울 나들이를 가끔씩 했어도 주로 지하철을 이용했기에 20년 넘게 통학하던 혜화동, 삼선교, 돈암동 길이 낯설기만 하였다. 성장기 대부분을 돈암동에서 살았는데 그곳에서 정릉을 가려면 '아리랑고개'를 넘어야 했다. 국민학교는 바로 그 고개 곁에 있었고 영화배우 김지미 씨도 어린 딸을 키우며 학교 옆 2층 양옥에서 살았었다. 학교 북쪽으로는 화강암 돌산이 운동장을 덮칠 것 같은 기세로 병풍처럼 둘러쳐져 있었다.

전차 종점이었던 돈암동 한길부터 얼마나 복잡하게 변했는지 학교 입구를 찾는 것도 수월치 않았다. 물어 물어서 당도한 국민학교 교문 앞에서 망연자실 한참을 바라보기만 했다. 수시로 폭약이 터져 두려움의 대상이었던 돌산은 감쪽같이 사라져 아파트 숲이 되었고 6년 동안 몸담았던 교사는 흔적도 없이 사라지고 대신 그 자리에 5층 빌딩이 들어서 있는 것이 아닌가.

국민학교에 갓 입학해서는 교실이 부족해 천막교실에서 수업을 받은 적도 있었다. 비가 오면 발밑으로 물고랑이 생겨나 양말이 다 젖는 줄도 모르고 발장난을 치던 기억이 선연하다. 얼굴이 뽀얗고 보조개가 옴팍 팬 담임 손직수 선생님은 음성도 얼마나 사근사근한지 꼭 하늘에서 내려온 천사처럼 느껴졌었다. 수업이 끝나고도 선생님 주위를 맴돌며 잔심부름을 해드리면 급식하고 남은 옥수수 빵을 넌지시 건네주시곤 했다. 부진한 산수를 방과 후까지 보충수업 시켜주시던, 혜화에서 전근 오신 4학년 담임, 이필연 선생님도 그곳에 가면 뵐 수 있을 것 같은 마음이었다. 그랬는데 아름다운 추억거리가 흔적도 없이 사라진 옛 교정이 내 마음을 걷잡을 수 없이 허물어뜨렸다.

피천득 선생의 『인연』이란 작품도 이런 세월의 무상함을 뼈저리게 느끼고 쓴 작품이 아니런가. 청년기에 동경에서 만난 소학생 '아사꼬'를 후에 10년 간격으로 두 번 더 만났는데 선생은 세 번째 만남은 아니 만난 것만 못하다고 고백한다.

흘러간 시간은 흘러간 대로 추억으로만 고이 묻어두어야만 하는 걸까, 보물처럼 가슴속 깊이 간직했던 기억이 바싹 깨지는 아픔이 이 가을 큰 상처로 남는다.

고무줄놀이를 할 때 짓궂게 굴던 남학생들도 이제 초로의 사장이 되어 있고 소아마비를 앓아 다리를 절던 한 친구는 강원도 횡성에서 사설천문대를 운영한다고 한다. 천문대에서 열린다는 이번 동창회에는 꼭 참석해서 잊고 살았던 유년의 아름다운 꿈들을 되찾아봐야겠다.

거목, 문신(文信)

황선생에게서 취재 동행 연락이 왔을 때부터 나는 거의 제 정신이 아니었다. 이틀 전에 이사한 짐을 그대로 풀어헤쳐 놓은 채, 덮쳐오는 빈혈기도 잊고 뛰쳐나가고 있었다. 그를 만나러 가는 길은 온통 꽃길이었다. 추산동 언덕배기로 향하는 길목에도 드문드문 꽃이 피어 있었으나, 진작부터 내 가슴밭에서 일구어내던 그를 향한 외경심이 탐스러운 꽃송이를 붉게 피워 올렸다.

81년, 세계적인 조각가 문신 선생이 귀국했을 무렵, MBC 방송국에서 그의 귀향과 아울러 개인 조각공원 건립에 관한 보도가 있었다. 그 이후로 줄곧 그를 만나리라는 기대에 부풀었다가 이즈음엔 그 일이 신념으로까지 굳어져 있을 때였다.

어느 시인은 자신이 만약 시인이 되지 않았더라면 목수가 되었을 것이라고 했다. 나도 못난 글쟁이가 되지 않았으면 아마도 솜씨 좋은 미장이가 되었을 것 같다. 이런 실없는 생각을 하게 된 것은 상당히 신빙성 있는 내력이 있기 때문이다.

나의 할아버지는 교육적 신념이 대단한 분이셨다. 일제 강점기에 실제로 식구들 배를 곯려가며 강습소를 세워 문맹퇴치를 위하여 애쓰셨다. 예술적 감성도 빼어나 가재도구를 손수 멋들어지게 만들어 사용하셨다. 대패로 매끈하게 다듬은 오동나무로 벼룻집을 만들고, 왕골을 벗겨 올마다 천연염료로 갖가지 색을 곱게 물들여서 꽃방석을 짜고, 한시를 지어 닥종이에 일필휘지 하여 치잣물 들인 노끈으로 멋진 시집을 엮어놓으셨다. 이런 위대한(?) 예술가의 손녀인 나도 손끝이 꽤 여물다는 소리를 들으며 자랐고 실제로도 손으로 만지작거리는 일에 시간 가는 줄 모르고 신명나 했었다.

요즘처럼 진로교육을 강조하는 시대에 태어났더라면 그 쪽 길로도 나아갔으련만 그럭저럭 평범하게 이어져 온 삶이었다. 누구나 가지 못한 길에 대한 아쉬움은 크기 마련이다. 추구하지 못한 소질에 대해 끈덕지게 미련이 남아 있던 중 가까운 곳에 대조각가가 계신다는 사실에 더욱더 외경과 흠모를 키우고 있지 않았나 싶다.

어렵사리 산등성이에 올라서자 합포만이 손에 잡힐 듯 시원스레 다가왔다. 어수선해 보이는 미술관 입구에서 허름한 옷차림의 인부들이 바닥에 깔린 타일을 다듬고 있었다. 조각가 문신씨를 찾았을 때, 인부들 사이에서 벌떡 일어서는 노인의 풍채에 우리들은 그만 압도당하고 말았다. 검푸른 빛을 띠고 쏘아보는 눈빛에 몸이 빨려들 것만 같았다.

2천 5백여 평에 자리 잡은 미술관은 천혜의 입지조건을 갖추고 있었다. 북쪽 암벽으로부터 끊임없이 폭포수가 흘러내리고 천연 연못에는 비단 잉어가 노닐고 있었다. 정원바닥에 박힌 자잘한 돌멩이조차 그의 손길이 미쳤는지 윤기가 반지르르했다.

미술관 두층에 걸쳐 전시된 조각품을 볼 때는 황홀경에 빠져 숨이 멎는 듯했다. 넉넉한 그의 풍모는 듬직한 바위를 떠오르게 하나, 조각은 군더더기 없는 유미주의 결정체 같았다. 오랜 서구생활의 영향인가 나름대로 해석을 해 보았다. 파리 시장 초대전에 출품했던 작품들이 도착하지 않아서 미술관 내의 조각품들은 아직 제자리를 잡지 못하고 있다. 지금 배로 먼 길을 오는 중이라고 귀띔을 해 주었다.

그를 만난 이후, 숨도 한 번 크게 쉬지 못하다가 처음으로 얼굴을 맞대고 앉자 마치 낯익은 피카소와 마주 앉은 착각에 사로잡혔다.

"선생님은 피카소의 모습과 참 많이 닮으셨어요!"

나의 철없고 엉뚱한 화두에 그는 한참을 나의 눈을 응시하였다. 일견 '아, 요놈 좀 봐라' 하는 놀람도 전해져 왔다. 비로소 편안하게 상통할 지기라도 만난 듯, 그는 가슴 깊이 묻어 두었던 소중한 실꾸리를 풀어 나갔다. 실은 자신보다도 아버님이 피카소와 정말 많이 닮았었다고 회상하는 그의 눈이 촉촉하게 젖었다.

"부모님께 효도하세요. 효도하는 사람은 무슨 일이든지 다 이뤄낼 수 있어요."

그의 목소리는 가슴 깊은 곳으로부터 나오는지 한참을 우렁우렁 울렸다. 나는 그때, 그분이 진정한 예술가인 것을 통감했다. 그의 드러내 놓지 않는 고매한 인품이 인터뷰 도중에 자연스레 배어나왔다.

그의 부친은 일본 큐슈우 지방 탄광에서 일하는 광부였다. 일본인 어머니 사이에서 태어난 그는 출생부터 외로움을 품고 있었다고 해야 할 것이다. 아버지가 매일 캐내는 시커멓고 단단한 석탄이 그는 무턱대고 좋았다고 회고한다. 아버지는 손재주가 꽤 있어서 가구도 잘 짜고 간혹 목각도 하였는데, 어린 눈에 비친 아버지의 그런 모습이 퍽

인상적이었다고 한다.

오늘에 이르러 세계적인 거장이 된 것이 타고난 것인가, 아니면 피나는 노력 때문인가를 묻자 아마도 아버지로부터의 내림인 것 같다고 힘주어 말하는 문신 선생은 또 아스라이 부친을 쫓고 있었다.

일본에서 태어나 댓살 무렵에 귀국한 그는 안타깝게도 마산에서는 단 한 해밖에 어머니와 함께 살지 못했다. 가난한 유교집안 어른들은 식구들 연명을 위해 바닷가에 나가 조개를 캐는 일본 며느리를 탐탁지 않게 여겼고, 한국 풍습에 기름처럼 겉돌던 어머니는 자식을 포기하고 결국 본국으로 돌아갔다. 어린 그는 할머니의 손에서 또 이웃의 손으로 전전하며 외롭고 불운한 성장기를 보냈다.

그에게서는 마을 어귀의 정자나무 같은 푸근함이 느껴진다. 그런가 하면 어느 결에, 낭떠러지 위에 홀로 서 있는 노송처럼 깊이 밴 쓸쓸함이 전해진다. 이런 상반된 느낌은 어린 시절로부터 이어져온 고달픈 생활이 몸에 절은 까닭이리라.

그는 청소년기에 극장 간판을 그리고 문패를 써 주면서 돈을 모았다. 친구들은 그와는 달리 살림이 넉넉하여 일본 유학준비를 하였는데, 같이 동경 미술학교에 갈 수 있었던 것도 친구들의 도움 없이는 불가능한 일이었다고 회고했다.

문신은 초기에는 서양화를 그렸다. 그의 회화는 조각에 견주면 어수룩하고 때묻지 않은 촌 아낙네처럼 친숙한 소박미를 드러내어, 성큼 다가서게 만든다. 초기의 그의 그림은 문신의 실체에 가장 가까워 보였다.

유럽에서 서양화 공부를 하던 그가 호구지책으로 옛 성 보수공사에 참여하게 되었는데, 그곳에서 조각에 매료되어 그 후론 전적으로 조각에 매달리게 되었다고 한다. 그의 조각품은 거의 시메트리(좌우대칭)로 되어 있다. 사람에 따라서 그것이 나비, 벌, 개미 등의 곤충 형상처럼 보이기도 하고 풍만한 여체를 떠올리게도 된다. 그러나 그는 한 번도 그것들을 염두에 두고 본뜬 적은 없다고 한다. 그저 좌우대칭인 구조가 가장 자연에 가까운 기본적인 형태이기 때문일 것이라고만 말했다.

문신작품 애호가인 미술평론가 작크 도판느는 자유로운 영감과 전통의 융합 위에 피나는 기술적 연마가 있었기에 문신의 작품은 독창적인 빛을 발한다고 했다.

조각가 문신은 유럽에서 더욱 인정받아 프랑스 문화 훈장까지 받았다. 그러나 그는 주위의 칭송에 아랑곳하지 않고 자신만의 예술혼으로 묵묵히 작품을 빚어내고 있다.

내가 만나본 문신은 위대한 조각가이기 이전에 평생 아버지를 숭배하였고 아직도 사무치게 그리워하는 작은 소년으로 존재하였다. 그래서 그는 아버지의 손때가 묻은 낡은 식물원을 그의 작품보다도 더 귀히 여기며, 한 그루 거목이 되어 추산동 언덕배기에 우뚝 서 있는 것이다.

(1993년)

첫걸음

꽃길 사이로 내 아이가 걸어가고 있다. 이제 어리광스러운 옷을 벗고 숙녀의 세계로 성큼 다가서게 되었다.

입학식 날 아침, 딸의 교복 깃을 여며주는 손이 자신도 모르는 새 떨려왔다. 30년 가까운 세월 전 바로 그날의 자화상이 딸아이의 모습 위에 겹쳐져 온다. 감색 세루기지 옷에 하얀 칼라를 댄 예전 교복이 오늘날과 다소 차이는 있었으나, 산뜻함에는 별반 다를 게 없다. 월요일마다 있는 복장검사를 통과하려면 목이 베일 정도로 깃의 날을 빳빳하게 세워야 했다. 처음 단체복으로 단장한 아이도 긴장이 되는지 목놀림이 자연스럽지 못하다.

딸아이도 입학식 날 교장선생님과 훈육선생님들의 훈시를 듣느라 종래에는 눈앞이 부옇게 흐려지며 어지럼증이 핑 돌았을까.

새로운 일을 시작할 때면 중학교 입학식 날 들려주신 교장선생님의 말씀이 주술처럼 떠올라 몸가짐을 바로잡게 만들었다.

"사람은 항상 첫걸음을 잘 내디뎌야한다."

겨우 응석받이 티를 벗은 나이에 그 뜻을 옳게 새겼는지는 모르겠으나 교장선생님의 결의에 찬 표정과 인품으로 말미암아 내 가슴 속에 소중하게 각인되었음이 분명하다.

딸아이는 평범한 가정에서 자랐으니 크게 빗나갈 이유는 없겠으나 키우면서 염려되는 점은 더러 있다. 궁색한 것 없이 자랐으니 물자에 대한 소중함이랄지, 쌀 한 톨에 숨은 농부의 노고 등을 느끼지 못하는 것은 제 또래들이 두루 비슷한 것 같다. 게다가 한두 명뿐으로 자신밖에 모르게 귀하게 키웠으니 그들 간의 생존경쟁을 생각하면 걱정이 앞선다. 나는 부모의 가치관에 따라 아이들의 품성이 바뀐다고 생각하고 있다.

입학식 며칠 뒤에 한 엄마로부터 충고를 듣게 되었다. 같은 반에 자질이 나쁜 아이가 있으니 가까이 하지 못하게 하라는 귀띔이었다. 엄청난 비밀을 말하듯 속삭이는 그녀를 보며 문제는 바로 엄마에게 있지 않았을까 하는 의심이 들었다. 그런 짐작은 학기말에 그녀 딸로 인해 우리 아이가 겪은 고초가 컸기 때문이었다.

딸아이가 다니는 초등학교에서는 시험 때가 되면 문제집 서너 권을 풀어오라는 숙제를 내주었다. 평소 과도한 과제에 대해 어미가 못마땅하게 생각하고 있는 것을 눈치 챈 딸아이는 바로 시험 전날까지도 문제집을 몇 장 밖에 풀지 못하였다. 그런데 공교롭게도 자주 놀러오지 않던 그 아이가 시험공부를 같이 하러 왔다. 다음날 친 시험에서 딸아이가 1등을 하게 되자, 그 애는 우리 딸아이가 컴퓨터로 성적처리를 하면서 점수를 고쳤다는 소문을 퍼뜨렸다.

담임선생님의 요청으로 방과 후 늦게까지 컴퓨터실에서 애쓴 보람도 없이 누명을 쓴 딸아이는 억울해서 밤새 한숨도 자지 못했다. 그때 나는 단호하게 아이를 나무랐다. 아이들의 미숙한 사고로는 흔히 저지를 수 있는 일이었고 비록 내 아이일지라도 부정을 저지르지 않았다는 확신이 서지 않아서였다. 노력이 부족했으니 친구로부터 그런 혐의도 받게 되는 것이니 게으름을 피우지 말고 평소에 열심히 공부할 것을 당부했다. 딸아이의 누명은 즉시 벗겨졌으나 불쾌한 기분은 오래갔다. 어미로서도 그 사건을 문제 삼지 않느라 불혹의 나이를 되짚어보는 인내심을 끌어냈었다.

전국에서 고교진학 연합고사가 가장 치열하다는 창원에 살고 있으니, 학교에서 신입생에게 당부하는 것이 성적얘기 뿐이다. 인생의 기초설계를 해야 할 청소년들에게 초장부터 입시 운운하는 선생님들이 한편으로는 원망스럽기만 하다. 앳된 아이의 얼굴을 쓸어보며 마냥 측은한 심사가 된다. 어차피 경쟁 사회 속의 일원으로 살아가려면 지금부터 조금씩 익숙해지는 것도 괜찮은 것 같으나 생각은 여전히 뒷걸음질 치고 있다.

한창 물 오른 아이들을 늦도록 교실에 몰아넣고 공부만을 강요하고 싶지 않다. 수런수런 봄이 오는 길목에다 욕구를 맘껏 펼치도록 이젤을 놓아주고 싶고, 봄맞이 가곡 공연도 딸아이와 나란히 앉아 감상하고 싶다. 열세 살 청소년들은 영어 단어나 수학공식 몇 개보다도 훨씬 더 소중한 것들을 가슴 밭에서 일궈내야 하므로.

잿빛 나무도 껍질을 뚫고 연둣빛 싹을 움틔우고 있지 않은가. 이제 막 인생의 출발점에 선 아이들은 용솟음치는 대지의 입김을 마음껏 쐬어야 한다. 그래야만 그들의 앞날에 마주치게 될 폭풍우와 칼바람도 의연하게 참고 이겨낼 수 있지 않겠는가.

새벽을 여는 사람들

창원의 아침은 불모산으로부터 온다.

실낱같은 달이 걸린 하늘은 아직 먹빛이다. 무겁게 가라앉은 침묵 속에서 꿈틀거리는 힘을 느낄 수 있다. 만주 벌판까지 누비던 고구려의 웅지를 품고 산은 이제 어둠을 박차고 일어설 채비를 서두르고 있다. 사위가 어슴푸레 밝아지면 산은 비로소 실팍한 어깨를 드러낸다. 밤새 품었던 어둠을 털어내며, 푸들푸들 잠에서 깨어난다.

불모산이 깨어나는 장관에 취해, 종종 새벽운전을 자청하고 나선다. 때로는 간발의 차이로 별렀던 광경을 놓치기도 한다.

신혼 초에는 유배지 같기만 하던 창원이라 마음을 붙일 수가 없었다. 공단 건설 초기였기에 광활한 벌판에, 공장기둥만 드문드문 박혀 있었다. 메마른 환경에서 이웃끼리 오순도순 사는 재미는 꿈도 꾸지 못했었다. 인적 끊긴 들녘에 서면, 외로움이 견딜 수 없이 밀려왔다. 떠나고 싶은 마음만 간절했었다.

애정을 주지 않으면 아무리 아름다운 풍광일지라도 눈에 들어오지 않는 법, 창원에 아무런 감흥도 애착도 일어나지 않았다. 어스름한 저녁이면, 똑같이 푸른 제복을 입은 근로자들이 퇴근을 했다. 기운이 빠져 귀가하는 그들을 보노라면 마치 자유를 잃은 죄수라도 보는 양, 이질감이 들어 서글퍼지는 것이었다.

어느 뜨겁던 여름날, 남편이 다니는 공장을 견학할 기회가 주어졌다. 가만히 앉았어도 땀이 줄줄 흐르는 한낮인데, 수천도가 넘는 용광로에서 쇳물을 끓여내는 근로자들이 그곳에 있었다. 불구덩이 앞에 선 그들의 모습은 경건하기까지 하였다. 그때에 내 정곡을 찌르는 깨달음이 있었다. 그렇다. 이들이 있음으로써, 경제가 발전하고 내가 윤택한 생활을 할 수 있었던 것이다. 바로 이들이 우리의 새벽을 열어주는 길잡이였던 것이다. 그들과 더불어 살았던 20년은 내 삶에 있어 가장 소중한 시간이었음을 깨닫는다.

수천억을 부정 축재한 전직 대통령 아들이 구속되었다. 뉴스를 지켜보면서 밤낮없이 땀 흘리는 근로자들 보기가 부끄러워지는 것이었다. 그들의 눈물겨운 노동의 대가가 물거품으로 사라지는 것을 보며, 걷잡을 수 없는 분노가 치밀었다.

IMF로 수출길이 갑자기 막혔을 때, 오로지 기업을 살리겠다는 일념으로 노사가 한데 뭉쳐 긴 터널을 헤쳐 나오지 않았던가. 그들은 설 자리 내달을 자리를 알고 현명하게 자신의 자리를 지켰던 것이다. 이제 그들이 지켜냈던 결실을 허무하게 도둑맞고, 무슨 낙으로 망치질에 박차를 가할 것인가.

시민들이 모두 단잠에 빠져 있을 새벽에, 청소용 리어카를 끄는 부부가 있다. 귓불을 에는 바람에도 아랑곳하지 않고, 곱은 손으로 묵묵히 출근길을 비질하고 있다. 어둠을 물리며 도란도란 불씨를 지피는 이들도 세상을 밝혀주는 고마운 이웃인 것이다. 가랑잎을 태우며 마주 보고 함박웃음을 웃는 내외가 한없이 평화스러워 보였다.

자동차 헤드라이트 속으로, 고사리 같은 손을 잡고 조깅하는 부자가 들어왔다. 꼬마가 잠을 깨기에는 아직 이른 시간이련만 눈 비비고 따라 나선 앙증맞은 모습에 가슴이 훈훈해져 온다. 아마도 집에 남은 엄마는 가족의 건강한 하루를 위해, 정성이 듬뿍 담긴 아침상을 마련하리라.

부부가, 부자가, 노사가 이렇게 힘을 모아 창원은 깨어나고, 이들의 땀의 결실로 우리는 세계 속에 우뚝 설 수 있으리라.

정식이의 노래

'우~ 우~, 우~ 우~, 우~ 우~ 우~.'

그걸 통곡이라 해야 할지, 비명이라 해야 할지, 차라리 고통의 폭포 속에서 피를 토하고 얻은 '득음'이라고 하는 편이 낫겠다. 나는 석 달 가까이 그 구슬픈 영혼의 소리에 갇혀 아무것도 손에 잡히지 않았다. 홀로 있는 시간에는 영락없이 그 소리가 뇌리에 파고들어 사지를 마디마디 저리게 하고 만다.

남편 회사의 교육프로그램으로 지체장애인 수용시설을 방문했었다. 모처럼 갖는 부부동반 나들이에 소풍이라도 가는 양 한껏 들뜨기조차 하였다. 예전에도 사택 부녀회를 통해 여러 차례 봉사할 기회가 있었기에 아마도 감정을 다스릴 준비가 되었다고 자만에 푹 빠져 있었을 것이다.

사실 처음 장애인 시설에 갔을 때는 감정을 추스르기가 쉽지 않았다. 똑 같은 생명체인데 어찌하여 이 아이들은 사람의 형상이라고 믿을 수 없을 만치 험한 몰골로 태어났을까. 원인이 부모의 불찰이라 하더라도 그 형벌이 너무 가혹했다. 모든 인간들에게 경종을 울리는 천형이라고 볼 수밖에 없었다.

사전에 통보된 방문이었기에 시설 측에서 아이들을 씻기고 깨끗이 청소하여 손님 받을 준비를 해놓았음에도 불구하고 문을 열자 역한 냄새가 훅 풍겨왔다. 비위가 약한 사람은 코를 틀어쥐고 고개를 돌리기가 십상이었다.

그곳은 중증장애인만 수용하는 시설이기에 예닐곱 살 가량의 어린이도 기저귀를 차고 유아방에 누워 있다. 발육상태는 돌전의 영아에 가깝다. 무척추동물처럼 온돌바닥에 철써덕 무너져 내린 성치 않은 아이를 일으켜 안고 우유병을 물리는 일조차 쉽지 않다. 이 방에 있는 아이들은 사고력을 다스리는 대뇌가 아예 발달되지 않았기에 단지 먹고 배설하는 원초적 본능밖에 없다. 그러나 우유병을 빠는 힘은 대단했다. 수유를 끝내고 젖병을 빼낼 때는 한참을 실랑이를 벌여야 했다. 부실한 몸 어디에서 그렇게 센 힘이 솟아나는지 비로소 인간다운 생명력을 느낄 수 있었다.

남자 방을 둘러 본 후, 여자 방에 배치되었을 때, 바로 그곳에서 정식이의 가슴 저린 소리에 걸려들고 말았다. 15세에서 33살까지의 여자들이 쓰는 방이었는데 그 방 사람들 역시 하는 짓으로 보면 영락없이 5살 정도로 밖에 보이지 않았다. 온전하지 못한 그들도 낯가림을 하는지 우리들을 말끄러미 쳐다보며 긴장하고 있었다. 실내에서 주로 생활할 수밖에 없는 형편이니 규칙적으로 일광욕과 운동은 꼭 시켜야 한다고 한다. 돌봐줘야 할 사람 스무 명에 보육사가 겨우 둘 뿐이어서 고충이 이만저만이 아니었다. 우리 봉사자들은 자신의 힘에 맞는 일을 찾아서 보육사를 도왔다.

뒤뚱거리나마 발을 뗄 수 있는 아이들을 일으켜서 둘씩 손을 잡고 걸음마를 시킬 때였다. 방 한쪽 귀퉁이에서 웅얼거리는 소리가 들려왔다. 소리 나는 쪽으로 얼핏 고개를 돌려보니 이곳에서는 보기 드물게 얼굴이 말쑥한 사내아이가 나를 뚫어지게 쳐다보고 있었다. 그 눈빛이 너무도 맑고 간절해서 감전이라도 된 듯 한참을 마주보았다. 뜻밖에 마주 친 정상인다운 모습에 의아해서 보육사에게 물어보니 자폐증을 앓고 있는 '정식'이라는 아이라고 했다.

11시쯤 간식이 나왔다. 유동식, 반 유동식, 빵과 우유 등 아이들의 상태에 따라 각기 다른 음식이 골고루 나왔다. 겨우 먹고 배설하는 것밖에 스스로 할 수 없는 아이들인데 질서 있게 배식하는 모습은 참으로 감동적이었다. 섬뜩할 만큼 조용한 가운데 침을 삼켜가며 보육사의 지시만을 기다리고 있었다. 불과 몇 분 전까지만 해도 전혀 상상조차 할 수 없는 일이었다. 성치 않은 아이들의 그 진지한 태도에 얼마나 당혹스럽던지. 미처 그 충격에서 벗어나기도 전에 신체 건강한 아이들의 잘못된 식습관이 불쑥 머릿속에 떠올랐다. 내 자식을 비롯해서 많은 아이들이 잘못 길들여졌다는 자책감에 한동안 부끄러움을 감출 수가 없었다.

상태가 심한 아이를 안고 유동식을 떠먹이고 있을 때, 등 뒤에서 정식이가 두 번째 소리를 질러댔다. '우우~우~우~, 우~우~우~' 창자가 끊어질 듯이 절박한 소리였다. 고개를 돌려보니 자기를 안고 먹여달라는 시늉이었다. 그 절절한 소리는 정확한 리듬을 타고 아이의 온몸을 울리며 흘러나왔다.

정식이의 소리에 갇히게 되면 꼼짝없이 고통의 늪으로 빨려 들어가게 된다. 온몸으로 켜대는 서늘한 소리가 태고의 동굴로 우리를 인도한다. 총명한 얼굴은 어린 달라이라마가 환생했나 싶고, 그 맑은 눈동자에 젖어들면 세파에 절은 영혼이 깨끗이 헹궈질 것도 같다. 동자승처럼 천진난만한가 하면 명상에 잠긴 선승처럼 고요하기가 이를 데 없다. 내가 정식이의 영혼 속으로 깊이 몰입해가고 있을 때, 보육사의 날카로운 목소리가 날아왔다.

"정식아, 넌 왜 말을 할 수 있으면서 어리광을 부리니? 너 자꾸 그러면 공원 축제에 안 보낸다."

그때가 장애인의 날을 며칠 앞 둔 시기였다.

작별할 시간이 가까웠을 때, 한 아이가 제 체중을 감당하지 못해서 벽에다가 머리를 찧어댔다. 금방 이마 위로 솟은 주먹만 한 혹을 달고 자지러지게 우는 아이를 달래주고 있을 때, 정식이는 또 가슴이 철렁 내려앉게 소리를 질러대기 시작했다.

'우우~ 우우우~우~우~우~.'

합창이 절실할 때

요즘 프랑스에서는 합창 붐이 일고 있다고 한다. 올 들어 부쩍 더 프랑스 사람들이 앞 다퉈 합창단에 가입하는 이유는 '합창단원'(크리스토프 바라티에 감독, 제라르 쥐뇨 주연)이라는 예술영화의 영향이 컸기 때문이다.

영화의 배경은 제2차 세계대전 직후, 마르세유의 한 학교 기숙사이다. 전쟁이 할퀴고 간 도시의 절망 속에서 기숙사에 수용된 가난한 어린 학생들은 엄한 교육을 받으며 기계적인 삶을 살아간다. 그러던 중, 한 교사의 기지로 합창을 하면서 절망이 서서히 희망으로 바뀌게 된다. 이 사건을 기화로 결국 마을 전체가 희망과 사랑이 가득 찬 삶을 누리게 된다는 매우 감동적인 내용이다.

교육심리학자이며 심리치료의인 자크 본옴므도 노래는 에너지원이며 자신의 존재를 확인 시키는데 크게 도움을 준다고 말한다. 더욱이 인성이 발달되기 전의 청소년들에게는 합창이 협동심을 키우는 데 큰

몫을 담당한다.

중, 고등학교 시절에 교내 합창 경연대회를 여러 번 치러 낸 경험이 있다. 경연대회 날짜가 잡히면 우선 각 학급에서 지휘자와 반주자를 뽑고 자유곡을 선택한다. 2달가량을 반 전체가 한 마음이 되어 연습에 매진한다. 자유곡과 지정곡을 부르는데 반마다 우열이 월등하게 드러나는 것은 지휘자와 반주자의 역량에 큰 비중이 있는 것이 아니었다. 한 학급 60명의 정신과 호흡이 완벽하게 일치할 때만 아름다운 화음을 만들어 낼 수 있었다. 무더위 가운데 2달가량 길게 연습을 하노라면 단체생활을 참지 못하고 이탈하는 친구가 생긴다. 이때는 지휘자보다 학급 반장이 나서서 지도력을 발휘했다. 실쭉샐쭉 감정의 기복이 심한 사춘기임에도 불구하고 한배를 탄 동지가 되어 긴 시간을 보내다 보면, 모난 부분이 다 닳아 마치 한집 식구처럼 스스럼없는 사이가 된다.

합창이 필요한 사람은 청소년만이 아닌 것 같다. 모임에 가 보면 자신의 주장만이 옳다고 막무가내로 우기는 몸만 자란 어른이 종종 있다. 단출한 가정에서 요즘의 중국 아이들처럼 황제처럼 자라서일까….

나라 곳곳에서 살기 힘들다는 한숨소리가 터져 나오는 요즈음, 우리도 청소년, 아줌마, 직장인, 노인 등의 합창단이 많이 생겨서 직장과 양로원, 학교, 마을마다 아름다운 합창곡이 널리 울려 퍼졌으면 좋겠다.

독서의 생활화를

새 천년의 일출을 보러 정동진과 울산 간절곶으로 많은 사람들이 몰렸다고 한다. 그들의 정열과 적극성이 부러운 한편, 어제 뜬 태양이 오늘 뜬 태양과 다르지 않건만 웬 수선들인가 하는 번거로운 마음이 든 것은 사실이다.

나는 모처럼 찾아온 한가한 시간을 그동안 미루어 놓았던 책 읽는 데 쓰자고 작정을 하였다. 제일 먼저 집어든 것이 현각스님이 쓴 『만행』이다.

현각은 하버드에서 철학을 전공한, 장래가 촉망되는 미국 상류층 젊은이였다. 그러나 자신의 내면에는 늘 풀리지 않는 의문을 품고 있었다. 철학을 전공했으나 철학만으로는 해결될 수 없는 존재의 문제들로 줄곧 시달려온 터였다. 일본인 불교철학 교수로부터 강제로 소개받은 선강좌에서 현각스님은 숭산스님과 일생이 뒤바뀔 조우를 하게 된다. 조계종 총무원장직을 버리고 무일푼으로 미국에 건너가 몸소 무소유를 실천하며 이방인들을 불제자로 이끄는 숭산스님의 영향으로 현각은 수계를 받고 화계사에 들어가 불자의 길을 걷는다.

수도자가 이런 책을 내게 된 동기는 자신의 행로가 대단해서가 아니라 자신의 영혼을 사로잡은 숭산스님의 거룩함을 세상에 널리 알리고자 함이었다고 한다. 과연 그의 글은 대단한 위력으로 가슴을 파고들었다. 이처럼 우리는 독서를 통해 위인의 사상과 철학, 인격과 품성까지도 발견하고 깊이 영향을 받는 것이다.

내가 최초로 받은 선물은 『거지 왕자』 동화책이다. 막내삼촌의 약혼녀가 초등학교 3학년 크리스마스에 빨간 머리띠와 함께 곱게 포장해서 부쳐온 것이다. 만화방에서 빌린 것은 하루저녁만 읽고 돌려주어 아쉬움이 컸는데 반해 온전히 내 소유인 동화책은 거지가 왕자로 변한 만큼 뭉클한 감동을 주었었다.

나는 책 선물을 좋아한다. 받는 것은 물론이려니와 주는 것도 좋아한다. 초등학교 시절로 되돌아가 받는 이의 기쁨이 내 기쁨으로 치환되는 것을 즐기는 것인지도 모르겠다.

도서상품권이 처음 나왔을 때 나는 쾌재를 불렀다. 이런 이상적인 상거래가 다 있다니! 그랬는데 아뿔싸, 근간에 도서상품권이 패스트푸드점에서도 통용된다고 한다.

청소년들이여, 육체는 비만에 시달리고 있으니 이제는 창백한 영혼을 살찌우기 위해 독서를 많이 하기를 간절히 부탁한다.

3

선사의 땅을 밟다

선사의 땅을 밟다

아득한 벌판에서 바람이 불어온다. 아무리 둘러보아도 보이는 것은 황토뿐이다. 미세한 황토 입자가 살갗에 달라붙는다. 30도를 오르내리는 무더위도 이곳에선 피해간다. 막힘이 없어 더욱 막막한 황톳벌에서 목이 타는 갈증을 느낀다. 한증막 같은 대기를 뚫고 서늘한 기운이 등줄기를 훑어 내린다.

진주시 대평면 대평리. 몇 십만 평의 방대한 면적, 선사유적 발굴 현장이다. 표토를 걷어내고 잘라낸 단면이 시리게 눈에 와 박힌다. 붉고, 검은 지층의 속살이 선연하다. 인간의 삶의 질이 제각각이듯 지층 속에 굳어진 선사의 흔적도 각기 다르다.

아, 이제야 알겠다. 이곳에 오려고 그랬던가. 40을 넘기며 뚜렷한 이유도 없이 가슴이 답답해져 왔다. 문명 이기의 혜택을 받을수록 정작 가슴속은 메말라 텅 비어 가는 것이었다. 시대의 흐름과 동떨어져 출구 없는 어둠 속에 갇히는 것 같았다.

부질없이 흘러간 내 삶도 각질로 굳어진 표토만 걷어내면 다시 순일한 시간과 만날 수 있는 걸까?

지리산을 굽이쳐 온 남강은 대평리에 이르러 유속을 늦춘다. 가쁘게 내닫던 숨을 고르며 기름진 퇴적물을 부려놓았다. 3천 년 전 그들도 옥토를 알아보았다니, 더욱 놀라운 사실은 청동기의 인류가 이미 계획적인 농사를 지었다는 것이다. 밭이랑마다 다른 작물을 심어 다양한 식생활을 즐겼다. 설마 그랬으랴. 그렇더라도 몇 천 년이 지난 지금 그걸 어떻게 증명하나, 답사팀의 의구심을 읽었는지 고고학과 교수의 설명이 자못 진지했다.

유구한 세월이 흐르는 동안 땅에 떨어진 씨앗 위로 세월만큼의 퇴적층이 쌓여 씨앗은 단단한 탄소 덩어리로 변했다는 것이다. 켜켜 쌓인 퇴적층을 걷어내고 석탄으로 굳어진 결정체를 분석해 보면 보리, 옥수수가 밝혀진다고 했다.

티끌만한 흔적도 간과하지 않고 미세한 가루를 쓸어내는 여대생들의 손길이 정성스럽기 그지없다. 그 진지함에 감히 접근하지 못하고 쭈뼛거리자 발굴을 지도하던 교수는 호탕하게 웃으며 밭이랑에 들어서 보라고 재촉이다.

파랑이 일듯 끝도 없이 출렁이는 밭이랑에 발을 내디뎠다. 내가 딛고 선 곳이 까마득한 세월 저편 청동기의 땅이라니, 더운 흙기운이 발가락을 뚫고 솟아올랐다. 무꽃이 흐드러지게 피어 있던 밭이었을까? 어지럼증이 몰려왔다. 노랗게 피어오르는 꽃무리 위로 나비 한 마리가 가뭇하게 날아올랐다.

남강댐이 보수되어 담수를 시작하면 선사시대의 유적이 물에 잠겨 흔적도 없이 사라지게 된다. 이 기막힌 현실에 분노가 일었다. 불과

넉 달 남짓 짧은 시간 내에 방대한 지역을 발굴해야 한다. 시간을 다투는 긴급한 작업이라서 경남은 물론 멀리 충남의 대학에서도 파견 나왔다. 앳된 남녀 학생들이 방학도 없이 삼복더위에 비지땀을 흘리고 있었다.

옥방마을이 인접해 있는 대평옥방 7지구를 집중적으로 답사했다. 석관묘와 주거지에서 관옥과 옥편, 옥마지석이 발견된 것으로 볼 때 이 지역에서 옥이 많이 생산되었고 그것을 가공하는 장소와 연마공이 따로 있었다는 추론이 가능하다.

먼저 표토를 걷어내고 인류의 생활 흔적에 따라 문화층을 선별하고 그 문화층을 중심으로 세부적 유물 발굽에 들어간다고 한다. 7개의 층 중, 문화층은 흑갈색 사질점토층과 황갈색 사질토층 등 3층뿐이었다. 문화층의 흙을 파내고 유물의 형태가 어렴풋이 드러나면 달라붙은 황토를 조심스레 쓸어낸다. 마침내 섬세하게 연마된 돌칼이 수줍은 듯 얼굴을 내밀고 정교하게 다듬어진 어망추가 금방이라도 또르르 구를 것만 같다.

우리가 선사시대의 유물에 정신을 뺏길 때 현장을 지휘하는 교수가 갑자기 덮어놓은 천막을 걷어냈다. 놀랍게도 그곳에서 인골이 드러났다. 신장 1미터 남짓의 유골이 깊은 잠에 빠진 듯 평온한 모습을 드러냈다. 자그마한 몸피가 석관묘에 갇혀 수천 년 세월을 감아쥐고 있었다니, 치아 손상 하나 없이 온전한 형태로 발굴된 유골은 드물다고 했다.

정신이 번쩍 들었다. 관념이 일탈된 앙상한 뼈마디가 삶과 죽음을 극명하게 대비시켰다. 가슴을 저며 놓고 내 곁을 떠났던 꽃다운 죽음들이 비로소 현실로 다가왔다. 그래서 인도인들은 갠지스 강가에서 일상적으로 치러지는 화장을 통해 일찍이 죽음을 예비했던 것이다. 한

낱, 티끌에 매달려 부대껴 온 시간들이 잘려나간 지층의 단면에서 하얗게 바래지고 있었다. 인골 곁을 뒹구는 홍도 조각이 뇌리에 붉게 화인을 찍어왔다. 육신은 풍화되어 흩어져도 그들이 향유했던 문명의 흔적은 생생하게 남아 수십 세기를 가로질러 이렇게 우리와 조우하고 있는 것이 아닌가! 진정 앞으로 나아가야 한다면 돌아서서 역사 속으로 거슬러 올라가 보아야 했다. 캄캄했던 길이 즈믄 해를 향해 희미하게 열려오고 있었다.

(1999년)

유월의 교정

우리 식구는 모두 학교에 간다. 남편은 가르치러 가고, 딸아이는 배우러가고, 강아지 장군이와 나는 놀러 간다.

대학 교정을 들어서면 신록의 향기가 몸을 휘감는다. 나른한 내 몸을 화들짝 깨어나게 하는 것은 기실 자연만이 아니다. 물오른 대학생들의 풋풋함도 나의 오관을 온통 흔들어 놓는다.

갓 샤워를 끝낸 듯, 바삐 강의실로 달려가는 여대생의 상기된 볼이 유월의 향기를 더한다. 떨어지기 아쉬워 손을 꼭 잡은 캠퍼스 커플들이 가슴을 분홍으로 물들이고, 배낭을 메고 자전거로 씽씽 달리는 청신한 젊음이 폭포처럼 쏟아지는 교정.

딸아이의 토플 수업이 끝날 때까지 장군이를 데리고 연못가에서 논다. 그곳에는 도심에서 흔히 볼 수 없는 진풍경이 펼쳐져 있다. 수면 가득 수련이 꽃을 피우고 거위가 꽥꽥 울며 청둥오리를 쫓고, 물속에선 거북이와 비단 잉어가 노닌다. 곱게 나이 들어가는 초로의 부부가 여유롭게 물가를 거니는 것도 볼 수 있다. 나도 1시간 동안 천천히 연못 주위를 세 바퀴쯤 돈다.

새초롬하게 봉오리를 내민 수련 뿌리를 잉어들이 뜯어먹는지 연잎은 간지럼을 참지 못하고 몸을 뒤챈다. 불뚝 나온 눈을 끔뻑이며 몸을 말리는 거북이의 모습엔 도도한 기품이 배어있다. 장군이는 오리를 쫓느라 분주하다. 오랫동안 집안에만 있어선지 낯선 것에 호기심이 많은 반면 겁도 많다. 제 모습과는 다른 동물들에 호기심을 가지면서도 거위의 '꽤엑' 소리에 꽁지가 빠져라하고 줄행랑을 놓는다.

오리 한 마리가 갑자기 비명을 지르며 날아올라 반대쪽 물가로 가고 있다. '아! 오리도 날 수 있구나.' 순식간에 벌어진 일에 놀라 하늘을 쳐다보다 도망친 오리가 궁금해졌다. 연못 반 바퀴를 돌아 방금 쫓겨 온 오리를 살펴보니 풀숲에 고개를 처박고 기가 죽어 있다. 다가가 보니 목덜미에 벌건 맨살을 드러내고 있는 것이 아닌가. 피멍까지 든 모양새가 부리로 찍힌 것이 역력했다. 무슨 연고인지 가엾고 측은해서 한참을 들여다보고 있자니 장군이도 덩달아서 고개를 갸웃거린다.

관리인의 말로는 이놈은 청둥오리가 아니라고 한다. 거위와 집오리들은 곧잘 어울리는데 유독 요놈만 무리로부터 따돌림을 받는다고 한다. 동물세계에서도 차별은 극복될 수 없는 일이런가, 이 녀석이 건너야 할 시간들이 눈에 밟혀 마음이 마냥 무겁다.

유자차 만들기

가을이 되면 연중행사처럼, 김장과 함께 빠뜨리지 않고 하는 일이 꼭 한 가지 있다. 유자차를 만드는 일이다. 온갖 과일이 노점의 좌판마다 수북수북 쌓일 때 내 눈도 분주히 과일 더미를 기웃거리게 된다.

한 입 베어 물면 상큼한 신맛이 치솟을 듯한 홍옥이라든지 노르스름한 표피 밑에 허연 속살과 함께 시원한 과즙을 듬뿍 머금고 있는 배라든가, 말갛게 익어 씨까지 내비칠 것 같은 홍시 등은 어떤 좌판에서고 흔히 볼 수 있는 과일들이다. 하지만 유자를 마련해놓고 있는 과일 장사를 찾기란 좀처럼 쉬운 일이 아니다. 복잡한 시장통을 뒤져 공들여 찾은 유자라야만 갈무리해서 겨울 내내 먹어도 싫증은커녕 떨어지면 아쉬운 마음이 들 정도로 소중하게 여겨지기 때문이리라. 운이 좋은 날이라야만 첫걸음에 마음에 흡족한 유자를 찾아낼 수 있지, 아니면 두 번 세 번의 걸음 끝에야 겨우 알맞은 유자를 고를 수 있다.

첫눈에 쏘옥 드는 유자를 발견하면 모래바닥에서 잃어버린 실반지라도 찾은 양 뛸 듯이 기쁘다. 가슴속 밑바닥으로부터 유자액처럼 즐거움이 살픈 솟아오르며 유자 바구니 주인조차도 예쁘게 보인다. 그런데 몇 년간의 반복된 경험에 비추어보면 유자를 파는 아주머니들은 우연찮게도 한결같이 온화한 얼굴을 지녔다는 것이다.

첫인상이 좋으면, 상대편이 아무리 나쁜 마음을 먹고 나를 곤경에 빠뜨리려 들더라도, 도무지 그걸 인정하려 들지 않는 나의 지나친 편견 때문일까. 수년 동안 유자를 내게 넘겨주는 손은 넉넉하고 따뜻하고 푸짐했다. 어쩌면 유자를 만난 반가움에 여느 과일처럼 값을 깎으려 들든가, 몇 알 덤을 얻으려 아등바등하지 않았기 때문일 수도 있겠다. 아무튼 유자를 장만하여 오는 일은 나에겐 어떤 쇼핑보다도 즐거운 나들이임에는 틀림없다.

질 좋은 유자를 마련하여 일단 집안에 들여놓으면 마음이 그렇게 푸근할 수가 없다. 겨울 내내 먹을 김장을 마련했을 때보다, 창고 가득 연탄을 재놓을 때보다도, 심지어 좋은 일반미를 들여놨을 때보다 마음이 몇 갑절 든든한 것을 어찌 숨기리오.

애써 골라온 유자를 찬물에 뽀득뽀득 소리가 나도록 씻어낸다. 농사짓는 이들의 말을 들어보면, 유자는 농약을 치지 않아도 되는 과일이라지만 그래도 어쩐지 대충 씻어 저미기에는 속이 편치 않다. 우리 생활 주변을 휩싸고 도는 공해에 일찍이 질려버려선가 그 점에 이르면 내 피해망상증은 끝을 모르고 피어오른다. 유자차는 껍질째 저며 설탕에 절여야 하기 때문이다.

깨끗이 씻은 유자를 바구니에 담아 그늘에서 건조시키고, 저며서 담을 유리병을 준비해야 한다. 용기 안도 충분히 건조시켜서 곰팡이가 끼는 걸 방지해야만 오래도록 두고 향기로운 유자차를 즐길 수 있다.

잘 건조된 유자를 사등분해서 씨를 발라내고(그대로 해도 되지만 쓴맛이 우러난다.) 속살에 해당되는 물컹한 과육은 따로 두었다가 상하기 쉬우므로 먼저 먹어야 한다. 속은 속대로 설탕에 재워놨다가 몸살 기운이 돌 때 서너 숟가락 넉넉하게 떠 넣고 팔팔 끓는 물을 부어서 마시고 푹 자고나면, 거뜬하게 개운한 기분이 되곤 한다. 사람이 부실해서 그런지 나는 감기약만 먹어도 한 이틀은 비실거린다. 해서 아이들조차도 코가 맹맹해지면 '엄마, 유자차 끓여주셔요'라고 백퍼센트 유자 신봉자가 되곤 한다.

유자차는 만들 때도 번거로운 마음이 들지 않는다. 김장할 고추를 다듬거나, 마늘을 까고, 쪽파를 벗겨내는 일은 매운 냄새가 온 집안을 진동하기에, 실지로 일을 하는 사람도 곤욕을 치르지만 집안에 들어앉아 있는 다른 식구들까지도 괴롭게 된다. 하지만 유자차를 만들 때는 집안 가득, 방 구석구석까지 퍼진 향긋한 유자냄새가 2, 3일은 족히 간다.

유자 껍질을 얇게 저며 설탕에 켜켜이 재우며, 나는 벌써 겨울 한가운데로 빠져 들어간다. 난로를 따뜻하게 지펴놓고 자그마한 주전자를 그 위에 올려놓으면 따스한 김이 모락모락 오르며 언제든지 유자차를 즐길 수 있다. 그때 어진 옛 친구라도 찾아온다면 금상첨화다. 지기(知己)와 유자 찻잔을 마주하고 앉아 오순도순 그립던 유년을 되짚어 보는 것도 창밖의 매서운 겨울을 이기는 좋은 방법이 되리니.

'반중 조홍감이 고와도 보이나니, 유자 아니라도 품음직도 하련만…'이라는 조선시대 문장가 박인로의 시구가 있다. 이 정도로 유자는 예로부터 귀하게 여겨온 과일이었다. 좀 넉넉하게 재워서 올 겨울에는 대관령에 가서 지내시겠다던 아버지께도 보내 드려야겠다.

눈 덮인 대관령 산자락 위로 무심히 흘러가는 구름 한 조각조차도 예사로 여기지 않는 아버지. 지필묵 놓고 틈틈이 먼 산 응시하며 뿔뿔이 흩어진 자식들 보고픈 마음을 늘 안으로만 삭히시는, 이젠 일흔에 접어드신 아버님. 자주 찾아뵙지 못하는 송구스러움이 왈칵 목울대를 넘어온다. 내 부모님은 영원히 사실 거라는 유아기적 어리석음이 사십이 다 된 나이에도 변함이 없으니, 언젠가 다가올 엄청난 슬픔을 수용할 준비가 아직 내게는 되어 있지 않다.

언뜻 고개를 들어 어두운 그늘을 걷고 오늘 맞는 일에만 충실하자고 다짐해 본다. 설탕에 절인 유자 켜에서 노란 과즙이 우러나올 즈음엔 아주 반가운 소식이 하나 있으리. 구정을 한 열흘 앞둔 시기에 해마다 석곡이 꽃을 피운다. 각별히 신경을 기울이지 않고도 황홀한 꽃을 본다는 자격지심에 다소 죄스러운 마음이 들기도 한다. 하지만 해마다 잊지 않고 찾아오는 특별한 손님을 나는 온 마음으로 껴안는다. 그리고 하루 일과 대부분을 꽃 감상에 할애한다. 물론 유자 찻잔을 들고 서다.

(1990년)

들꽃소묘

오지단지에 풍성하게 꽂힌 들꽃을 보며 아련한 추억에 잠겨 있다. 두고두고 보아도 물리지 않을 성싶다.

며칠 전, 새벽부터 쏟아 붓던 장대비가 멎고, 시원한 하늘빛이 드러났다. 그 청량함에 홀려 입은 채로 산책길로 들어섰다. 비에 씻겨 해말간 얼굴을 드는 풀꽃들, 그 천진난만한 웃음이 도처에서 나를 반긴다. 인기척에 놀란 청개구리가 펄쩍 뛰어 달아나는 것도 보인다. 간혹 불어오는 바람에 밤꽃 향기가 번져온다. 드문드문 산나리도 야무진 얼굴을 내밀고, 찔레꽃이 덩굴 속에서 하얀 이를 드러낸다. 뱀딸기도 낮게 엎드려 있다. 갖가지 생명체가 제 나름의 빛을 자랑하지만 내 눈은 유독 조팝나무 꽃만을 쫓고 있다. 자금자금한 꽃송이 속에 오랫동안 가슴에 담아온 한 모습이 있기 때문이다.

나는 점점 꽃 덤불 속으로 들어갔다. 그러다 땀을 닦으며 내려오는 배낭 진 여인들과 마주쳤다. 아마도 약수를 떠오는 듯하다. 그들의 얼굴도 들꽃마냥 수수하다. 일상에서 벗어난 걸음이 경쾌해 보인다. 물병 하나 챙기지 않고 흔해빠진 들꽃이나 꺾고 있는 내 모양이 한심한지, 흘끔거리며 곁을 지나갔다.

누구에게나 둘도 없이 절친한 친구가 한 명쯤은 있기 마련이다. 내게도 각별한 한 친구가 있다. 중, 고등학교가 같다는데 막상 대학 불교 동아리에서 처음 만났을 땐 안면이 전혀 없었다. 이과, 문과, 독일어, 불어반으로 나뉘어 그동안 얼굴조차 보기 힘들었기 때문이다. 그러나 대학 4년은 한 울타리에서 절친하게 지낼 수 있었다. 그 친구는 의과대학이기에 내가 졸업한 후에도 2년을 더 머물렀다.

함초롬히 핀 들꽃을 바라보면 그녀의 얼굴이 떠오른다. 꽃 대궁을 모아 쥐자 그녀 곁으로 한 발짝, 두 발짝 가까이 가고 있는 것 같이 따뜻한 숨결이 느껴진다. 그녀는 몸매뿐만 아니라 목소리도 가냘프다. 그녀의 행동은 전혀 수선스럽지 않다. 많은 사람이 모인 자리에서도 자신의 존재를 드러내지 않는다. 있는 듯 없는 듯 자신이 할 일에만 전심전력을 기울인다. 간혹, 배를 잡고 크게 웃을 분위기에서도 그저 볼우물만 조금 지어 잔잔한 미소를 띠곤 했다. 그렇다고 무미건조하거나 쌀쌀맞거나 남을 업신여기는 성미도 아니다. 바닥이 맑게 드러나는, 깊은 골짜기를 흐르는 시내 같은 느낌을 주는 친구이다.

형제라곤 오직 남매뿐인 그녀는 육남매가 떠들썩하던 우리 집에 호감을 가졌었다. 상대적으로 나는 오붓하고 조용하던 그녀의 가정을 은근히 부러워할 형편이었다. 육남매의 중간인 나는 형제간의 경쟁에서 버텨내기 위한 수단이었던지 매사에 흑백을 분명히 가리기에 여념이 없었다. 여느 유교적 집안과 마찬가지로 우리집의 남아선호 사상 때문에 반기를 들곤 했던 기억이 새삼스럽게 떠오른다. 잘 흥분하던 내가 물불을 못 가릴 때, 그녀는 곁에서 늘 차가운 얼음주머니 역할을 해주었다.

연약한 그녀가 어떤 까닭에 의과대학으로 진학했는지 이제껏 물어본 바 없으나 남학생들도 힘들다는 해부학 실습을 매우 고통스러워했던 것은 분명하다. 그리고 매일 치르는 시험으로 부단히 힘겨워 했었다. 그런 힘든 고비를 넘기지 못하는 재학생의 3분의 1정도는 탈락된다고 했다.

각 단과대학 사이의 길은 모두 포장도로였으나 내가 몸담았던 사범대학으로 난 길만 잔잔한 돌멩이가 발밑에 채이고, 가을이면 이름 모를 들꽃과 코스모스가 하늘거렸다. 방과 후에 늦게까지 교수님의 일을 돕고 귀가하다보면, 과학관 앞에서 그녀를 만날 수 있었다. 포르말린 냄새를 풍기며 낡은 해부학교실을 나오는 후줄근한 모습은, 가슴을 짠하게 만들었다. 곁에서 보기에 안쓰럽고 위태로웠으나 그녀는 명주실 같은 강인함으로 6년을 잘 버텨나갔다.

특별한 일이 없는 한 그녀와 거의 매일 만났던 것 같다. 그리고 귀가해서는 밤을 새우며 편지를 썼다. 그녀도 나도 꽤 비관적이었던 것일까, 먹고 먹어도 허기가 지는 유신체제 밑에서 희망이라곤 눈곱만큼도 없어 보였다. 불확실한 미래와 끌려간 학우에 대한 걱정으로 잠 못 들던 20대의 절망을 엽서에 써내려가며 실마리를 풀어내려 했던 것은 아니었을까.

졸업하는 해였던가, 다른 친구 한 명과 셋이 설악산 등반을 하였다. 대청봉을 오르던 중 내 잔등의 곪은 종기에 손도 못 대고 쩔쩔매던 그녀가 지금은 강남에 피부과를 개업했다. 연전에 들렀더니 의사노릇도 성미대로 여전했다. 환부를 찬찬히 들여다본 후 어지간하면 “깨끗하게 씻고, 건조하게만 해주세요” 하고는 그냥 되돌려 보낸다.

일 년에 한두 번이 될 듯 말 듯, 전화선 속의 목소리만으로도 우리는 십수 년 세월의 다정한 만남이 이루어진다. 언제 떠올려도 빙그레 미소 짓게 만드는 친구. 항아리 가득 꽂힌 들꽃송이들이 그녀의 해맑은 미소가 되어 나를 보고 웃는다.

이사 가는 사람

날씨가 풀리면서 이사하는 집들이 꽤 늘었다. 예전처럼 식구들이 직접 보따리를 꾸려서 하는 이사는 드물고 요즘에는 포장이사가 대부분인 것 같다.

10여 년 전에는 암만 단출한 살림살이라도 인부 서너 명이 온종일 비지땀을 흘리며 등짐을 져서 날랐는데 이제는 고가사다리를 이용하여 반나절 만에 거뜬히 짐을 옮긴다. 고층아파트 꼭대기에서 짐을 대롱대롱 매달고 내려오는 곤도라를 보고 있노라면 아슬아슬해서 눈을 감고 그 현장을 재빨리 피하곤 한다.

오래 전에 임옥상이 그린 「이사 가는 사람」이라는 그림에서 눈을 떼지 못한 적이 있다.

멀리로는 서울 남산 탑이 바라다보이고 거대한 광고판을 업은 야산을 끼고 고속도로를 질주하는 차 두 대가 화폭을 채운 구상화이다. 한 대는 번쩍번쩍 광채를 뿌리는 외제 승용차이고 그 옆의 차는 돗자리,

항아리, 이불보퉁이, 대소쿠리 등 꾀죄죄한 땟물이 흐르는 짐을 실은 용달이다. 그 올망졸망한 이사 보퉁이를 가만히 보고 있자면 고달픈 서민들의 애환이 내 속으로도 알알하게 전해져왔다.

식인상어 아가리를 향해 철없이 다가가는 아이처럼 서울로 향하는 지방 번호판을 단 허름한 이삿짐 차가 안쓰럽기조차 하다. 용달 곁을 인정사정없이 질주하는 괴물은 돌쟁이 손에 쥔 먹이까지도 남김없이 낚아챌지도 모를 일이다.

빈부의 차가 극명하게 드러나는 곳이 서울이다. 그래서 서민들의 삶이 가장 뜨겁게 달구어지는 곳도 서울이 아닐는지. 60년대 초, 이주민이 발붙이기 오죽 힘들었으면 갓 상경한 촌사람들은 눈감으면 코 베어가는 서울인심이라고 혀를 내둘렀을까.

40여 년 전, 대식구를 거느리고 상경하신 아버님은 도통 셋방을 구할 수 없었다고 한다. 하루 종일 서울 변두리를 헤매다 돈암동 전차 종점 부근에서 본, 두 칸짜리 방이 마음에 들어 눈 질끈 감고 아이가 둘이라고 거짓말을 했다. 계약을 끝내고 이사하는 날에 고만고만한 아이 다섯에다 인솔하는 삼촌을 발견한 집 주인은 노발대발하여 당장 방 비우라고 호통을 쳤다. 평안도 또순이 할머니였는데 집 사서 이사 나올 때는 아들 하나 더 낳을 때까지 살아도 된다며 아쉬움을 보였다고 한다.

60년대 초에 새로 장만한 집은 아리랑 고개 밑의 한옥 주택가에 있었다. 길에서 오십 계단쯤 올라가 왼쪽으로 꺾으면 보이는 골목 끝, 파란 양철대문이 우리집이었다. 방 4칸을 우리 식구가 쓰고 문간방은 충청도에서 올라온 효순언니 남매에게 세를 주었다.

우리 형제들이 날이 저물도록 바깥에서 노는데 골몰하면 부모님은 문간방 언니 본 좀 보라고 늘 타이르셨다. 어쩌면 모범생인 그 남매 덕분에 향학열에 불이 붙어 일류 여중에 들어갔는지도 모르겠다.

나는 결혼생활 17년에 일곱 번 이사를 했으니 많다고도 못하지만 그렇다고 결코 적게 한 것도 아닐 성싶다. 자라면서 셋방살이를 했다고는 하나 철부지 적이라 직접 억울한 일을 당한 기억은 별로 없다. 오히려 매일 매일이 신나는 일만 벌어진 것 같다. 그런데 출가하여 단칸방에 세 들고 보니 새록새록 서러움이 복받쳤다. 양덕동 셋방에서는 한 새댁이 집주인보다도 더 호되게 텃세를 부렸다. 어설픈 내 살림 솜씨를 놓고 대학물 먹은 사람이 김치도 제대로 못 담근다고 이죽거렸다. 단지 먼저 결혼한 걸로 유세를 떨었던 것일까, 아니면 제때 배우지 못한 아쉬움을 엉뚱하게도 나에게 투사한 것이었을까.

지금, 15층 아파트에 덩그렇게 올라앉아 단조로운 생활을 하고보니 땅을 딛고 도란도란 살 수 있는 이웃이 그립다. 손바닥만한 땅일지라도 내 손으로 일구며 살았으면 하는 소망이 간절하다. 앞뜰에 채송화와 나팔꽃을 심고 봉숭아도 꽃피워 여름밤에 모녀가 마주 앉아 손톱에 꽃물도 들이며 살고 싶다.

임시 오피스텔에 머물고 있는 박시인은 마당 있는 집에 빨래를 널며 살고 싶다고 한숨처럼 말한다. 바지랑대를 내리고 햇살에 말린 기저귀를 걷으며 행복해 하는 모습을 쉽게 떠올릴 수 있다. 그녀의 소망이 내 가슴으로도 전염된다.

서러운 셋방살이를 청산하고 창원에 오붓하게 보금자리를 틀었을 때, 참으로 가슴 뿌듯한 나날이었다. 외지인들이 많이 들어와 한창 공단을 건설하던 무렵이라 텃세를 하지 않아서 좋았고, 살림 규모도 고만고만하여 뉘 집 숟가락이 몇 개인지 알 정도로 이웃들과 가까이 지냈다. 뿐만 아니라 빠듯한 살림에 서로 생활비를 융통해 쓰는 일도 소꿉장난처럼 즐겁기만 했다.

열 평 아파트에서 네 식구가 10년 가까이 살았다. 좁은 공간일수록 가족이나 이웃 간에도 훨씬 더 살가운 정이 생기는 것 같다. 둘째를 임신해서 무거운 배를 안고서도 직접 도배를 하고 좁은 공간에 이리저리 가구를 옮겨가며 살림에 재미를 쏟던 풋풋한 날들이 요즘 들어 자주 떠오르곤 한다.

(1994년)

풀꽃과 큰 정성

부(富)와 명예를 좇아 정신없이 달려가는 현대인들을 보면 서글퍼진다. 더군다나 초를 다투는 그 속도감을 떠올리면 나는 현기증이 나다 못해 무서워지기까지 한다.

너나할것없이 높은(?) 곳을 향해 막무가내로 치닫고 있는 세태에 그들과 무관하게 아주 낮은 곳을 향하는 이가 있다.

몇 해 전, 법정스님이 발간하는 『맑고 향기롭게』에서 권오분의 「풀꽃이야기」를 처음 읽었다. 요즘 세상에 이런 귀한 분도 있구나. 나는 그때, 그 책을 보배인 듯 들고 글에서 눈을 떼지 못했다.

아주 보잘것없는 '애기똥풀', '냉이꽃', '개망초'와도 정을 속삭이는 사람. 분명 문단에서 눈에 익은 사람은 아니었다. 자연과 깊이 교감하고 진솔하게 자신의 생각을 풀어내는 그이 앞에서 갑자기 어쭙잖은 글을 쓰는 자신이 한없이 부끄러워졌다. 피천득 선생도 권오분을 '식물의 말을 들을 줄 아는 사람'이라고 감탄했다.

올해 초, 신문 신간안내에서 『제비꽃 편지(도솔)』라는 그의 책을 보았다. 당장 서점으로 쫓아가, 구입해서 단숨에 읽어 내렸다.

그가 초등학교 3학년 때, 벽촌으로 새로 부임해온 담임선생님이 풍금으로 쇼팽의 「즉흥환상곡」을 쳤다고 한다. 동요만 들어 온 그는 큰 감동을 받고 답례로 제비꽃다발을 선생님께 드렸다. 의외의 선물을 받고 기뻐하시던 선생님의 환한 웃음을 평생 간직했다. 결혼부케도 자신이 결혼 전날 직접 캐온 제비꽃다발을 준비한, 영원한 소녀. 20년 넘게 당뇨로 투병하는 시어머니의 간병도 시종일관 들꽃으로 했다. 오랫동안 치료해준 주치의에게도 소박하고 앙증맞은 냉이꽃을 종이컵에 담아 선물했다.

책 내용에 파묻힐수록 어떤 분일까 하고 자못 궁금했는데 사진조차 없었다. 참 그다웠다. 최근에 수필가 정목일 선생에게서 그 댁에 초대받고 왔노라는 자랑을 들었다. 그이는 사람답게 사는 것이 어떠해야 하는지를 확실하게 아는 분 같았다.

그분의 정원에서 유월의 찔레꽃 향을 맡고 싶다. 화려하지 않으나 정갈하게 빛나는 그분의 향취를….

집안일

날씨가 궂은 날은 엉치뼈가 욱신거린다. 빙판에라도 된통 나가떨어진 기억이 있다면 한의원에 쫓아가서 침을 맞든가, 외과에 가서 사진이라도 찍어보겠는데 아무 근거 없이 몸이 무거우니 딱한 노릇이다. 기온이 영하로 뚝 떨어지고부터는 몸이 찌뿌드드하니 이불 밑만 기웃거리고 집안일에 자연히 소홀하게 된다.

원고가 한창 밀려있을 때는 남의 손을 좀 빌려보려고도 했으나 성격이 유별나서인지 내 식구들 건사는 남에게 맡기는 것이 영 탐탁치가 않다.

어떤 작가들은 꼭 밤 시간 아니면 원고를 쓸 수 없다든가 독서실이나 여관방에 틀어박혀야만 써지는 괴벽이 있다고 한다. 그런데 내게는 아직 골 싸매고 써야 할 일거리가 주어지지 않아서일까, 특별히 수선스러운 습관은 없다. 단지 주변을 정리하고 나서 책상머리에 앉는 전제조건은 있다. 결국 이것도 나만이 고집하는 벽이라면 벽일 수도 있겠다.

일단 쓸거리가 생기면 설거지부터 시작한다. 밥공기 한 개 한 개를 면밀하게 씻어내고 아이들 입 크기만 한 숟가락 면적도 소홀하게 여기지 않는다. 평소에는 먹은 그릇만 씻어내고 행주를 불끈 짜서 식탁을 닦아내는 걸로 마무리 하지만 원고 쓰려고 마음먹은 날은 파죽지세로 끓어 넘쳐 엉망이 된 가스렌지 주변도 꼼꼼하게 닦아낸다. 그러려면 내가 마치 솜씨 좋은 미장이가 되어 시멘트 반죽을 발라나가는 것 같은 착각에 손끝이 파르르 떨린다. 그러는 새 머릿속으로는 쓸 내용이 대충 아퀴가 맞아떨어지게 된다. 일련의 이런 단계가 내게는 어떤 유희보다도 흔쾌한 일이다. 우연히 길들여진 습관일진대 아무에게도 빼앗기고 싶지 않은 비밀스런 놀이이다.

손놀림은 그릇이라는 기물을 빌려 작은 뇌를 움직이는 단순 동작에 불과 할지라도 나는 하잘것없는 설거지를 통해 기실 마음을 닦고 있음이었다.

법정 스님은 '아무 생각 없이 쓸고 닦고 있으면 우선 마음이 편안해진다. 마룻장이나 방바닥 혹은 가구나 유리창이 깨끗해지면 그걸 닦는 마음도 깨끗해진다. 왜냐하면 깨끗하고 맑아진 그것이 마음에 나타난 바이기 때문이다. 집안이 빛나면 마음 또한 빛을 발하게 마련이다'고 설법했다. 스님은 이로써, 선정과 지혜는 결코 선방의 정진에서만 얻어지는 것이 아님을 강조한다.

인도에서는 예전부터 청소부를 '마하타르(mahatar)'라 부른다고 한다. 마하트(mahat)는 산스크리트어로 위대한 사람의 최고 높임말이다. 변변찮은 나의 가사노동을 턱도 없이 무한한 진리에 대치시켜놓고 보니 어지간히 뜻이 맞아떨어지는 것도 같다.

나와 같이 가사노동을 신성시 여기는 사람에게는 진부한 얘기가 되겠으나 주부가 가사에 취미를 못 붙이고 바깥으로만 나도는 사람들이 꽤 있어 하는 말이다. 건강한 수족을 소중한 가족을 위해 성심껏 쓰면 경제적으로 교육적으로 이래저래 득이 되련만 집 바깥에서 공허한 가슴을 메우려고 맴도는 사람들을 보면 딱한 생각이 든다.

음식 장만과 빨래는 즐거운 마음으로 하게 되는데 무릎 꿇고 앉아 하는 걸레질은 내게도 정말 싫은 일이다. 이럴 때, 텔레비전의 전원일기 드라마를 열심히 보게 된다. 극중에 자주 나오는 빨래터를 보기 위해서이다. 느티나무 밑으로 시원스레 흐르는 개울을 보노라면 가슴 밑바닥까지 서늘해지면서 묵은 체증이 다 내려가는 것만 같다.

원래 빨래터와 우물가란 여자들의 송사가 이뤄지는 곳이다. 남편에 대한 불만, 모진 시어머니를 향한 원망, 얄미운 시누이에게 갖는 미움도 이곳에 오면 모두 눈 녹듯 스러지고 자식자랑으로 이어지게 되는 장소가 아니던가. 고된 일을 하면서도 결코 그 일이 힘들게 여겨지지 않고 시원스레 빨래를 헹궈내는 새, 가슴속조차도 맑아지는 곳이 공동 우물, 빨래터인 것 같다.

이태 전 여름에 수해로 수돗물 공급이 사나흘 중단된 적이 있었다. 다행히 우리 아파트 곁에 장복산에서 흘러내리는 개울이 있어서, 며칠간 별 불편함 없이 보낼 수 있었다.

수돗물을 일일이 받아서 하는 세탁과는 달리 빨랫감에 비누를 치대서 흐르는 물에 설렁설렁 헹구는 일은 거저먹기였다. 손가락 사이를 매끄럽게 빠져 달아나는 맑은 물에 홀려 결국 빨래를 집어치우고 일곱 살짜리 아들녀석과 한 통속이 되어 바짓가랑이를 걷어붙이고 송사리 잡이에 여념이 없었다.

결국 잡다한 집안일들은 주부가 건강할 때에만 꾸려나갈 수 있는 일이다. 잔병치레는 탁한 실내 공기가 주범이라니 자주 환기를 시키고 규칙적인 바깥운동을 해야 할 것 같다. 얼른 불편한 몸을 추슬러서 집 안 구석구석을 시원스레 털고, 닦아내서 집기 위에 쌓인 먼지뿐만 아니라 마음에 낀 때도 말끔히 씻어내고 싶은 마음 간절하다.

(1990년)

세상에서 가장 절통한 이별

부모가 죽으면 산에다 묻고 자식이 죽으면 가슴에다 묻는다고 했던가.

나날이 실팍해지는 목덜미, 우렁우렁한 목소리, 가을 햇살 같이 시름을 걷어가는 아들아이의 미소를 빼앗긴다면 남겨진 어미의 모진 목숨을 어찌 지탱해 갈 수 있을까? 나는 생가지를 찢어내는 일이 혹여 꿈에서라도 벌어질까 진저리를 친다. 한가위가 가까워 오면 떠올리기조차 섬뜩한 기억으로 생병이 나곤 한다.

그 해 추석은 참으로 가혹했다. 우리 가족은 큰댁에서 추석차례를 지내고 오랫동안 찾아뵙지 못한 큰시누이 댁으로 출발했다. 시누이 댁에는 시집간 딸들이 사위와 함께 와서 모처럼 육남매의 웃음꽃이 끊일 새가 없었다.

저녁을 방금 들고 와서 배가 부르다는 데도 시누이는 다과상을 자꾸 권했다. 이제 오십이 가까워 머리가 희끗희끗 세고 관록이 붙은 남편이건만 시누이 눈에는 여태껏 철부지 막내로만 보이는지 현미 강정이 구미에 맞을 거라며 손수 집어 입에 넣어준다.

시누이의 맏아들과 남편은 같은 또래였다고 한다. 강에서 미역을 감다 시누이 아들은 물에 빠져 숨지고 겁이 난 남편은 그 길로 놀라서 이십리 길 줄행랑을 놓아 제 집으로 숨어들었다고 한다. 그런 사연이 있으니 시누이 눈에는 남편이 여직 철없는 아들 또래로 간주될 법하다.

어릴 때 보았던 장조카는 장성해서 신수가 훤한 사회인이 되어 길에서 만나면 못 알아 볼 정도였다. 건축사무실에 근무하는데 아무래도 군대를 갔다 와야 사회생활을 제대로 할 것 같아 입대날을 받아놓고 있다고 했다.

모처럼 왔는데 일찍 자리를 뜬다고 서운해 하는 시뉘네 가족의 전송을 받으며 귀가길을 재촉했다. 서둘러 출발했건만 시간 반이면 도착할 수 있는 거리를 4시간에 걸쳐 진을 빼고 자정이 넘어 귀가하였다. 전날 새벽부터 동동걸음친 몸이 물먹은 솜처럼 늘어졌다. 얼마간 단잠에 곯아떨어졌는데, 꿈결처럼 전화벨 소리가 들려왔다. 큰시누이 댁에서 온 전갈이었다. 불과 몇 시간 전에 보고 온 장조카가 교통사고로 대학병원 중환자실에 누워 있다는 것이다. 날벼락이었다. 병원에 도착할 때까지 남편과 나는 부정탈까봐 아무 말도 못하고 간절하게 기도에 매달렸다.

중환자실 복도에는 시누이내외와, 조카들이 입술이 새카맣게 타서 서성이고 있었다. 가운을 갈아입고 중환자실에 들어갔다. 다리가 떨려 걸음을 떼기 힘들었다. 붕대를 겹겹이 동여맨 다리는 공중에 매달리고 코에 호스를 꽂은, 의식 없는 환자들을 보노라니 온몸에 소름이 돋았다. 이름표가 없었으면 조카를 못 알아볼 뻔했다. 코만 내놓고 머리부터 발끝까지 전신을 붕대로 동여매고 있는 형상이 영락없는 미라였다.

불과 몇 시간 새에 몰라보게 변한 모습에 아연실색했다.

"수야! 수야 네가 가면 나는 어찌 살꼬!"

시누이는 넋이 빠진 듯 같은 말만 중얼거렸다.

일주일 사이에 뇌수술을 두 번이나 했건만 조카는 의식조차 되찾지 못하고 그 길로 마지막이었다.

새벽안개를 헤치고 영안실로 향하는 나의 마음은 걷잡을 수 없이 흔들렸다. 평소에 미신을 믿는 편이 아닌데 하도 가슴이 답답하니 용하다는 점쟁이한테 가서 시누이의 사주팔자를 물어보고 싶은 마음이 간절해졌다. 열 살이 채 못 된 아들을 잃더니 다 키워놓은 생때같은 집안의 맏상제마저 또 사고로 잃는단 말인가.

조카는 술을 잘 못 마시는데 오토바이로 친구들 술심부름을 하다가 사고가 났다고 한다. 부모의 뜻을 거역하지 않고 착하게만 자란 아들이 졸지에 비명횡사한 원통함에 시누이는 순간 까무러쳤다. 장례식에 참석한 건축사무소 소장과 동료들도 믿을 수 없다는 듯이 조카의 죽음을 애도했다.

실신한 시누이를 내 차에 모시고 화장터로 향했다. 고인과 이승에서의 모든 인연이 마지막임을 고하는 재가 있었다. 시누이는 눈물마저 메말라 마른 울음만 꿀꺽꿀꺽 삼켰다.

관을 옮겨 화덕에 밀어 넣으려는 순간 여태껏 잘 견딘다고 생각했던 애들 고모부가 관머리에 매달려 떨어질 줄 몰랐다. 사위가 와서 장인을 밖으로 모시고 나가자 인부가 무심하게도 발화등에 점화를 했다. 화덕 안은 순식간에 불길에 휩싸였다. 참나무 장작이 활활 타오르듯 때때로 불똥이 튀는 소리가 탁탁 들려왔다.

옆자리의 주검도 아직 젊디젊은 새댁이었다. 우리 일행은 잠시 내

앞의 슬픔을 잊은 채 애절하게 관을 잡고 뒹구는 새댁 친정엄마의 비통함을 같이 느끼고 있었다. 나도 그 자리에 서 있을 수 없이 슬픔이 북받쳤다. 부축하고 있던 시누이를 잠시 두고 화장실 가는 척 자리를 빠져나왔다.

건물과 불과 5미터 가량 떨어진 굴뚝에서 검은 연기가 끊임없이 하늘로 날아오르고 있었다. 육신을 떠난 영혼이 하늘로 향하고 있는 걸까. 그늘 한 점 없이 선량하게 웃고 있는 조카의 얼굴이 뭉게구름처럼 피어올랐다.

안쪽에서 다시 오열이 터지는 기색에 급히 달려가니, 화덕의 불이 어느새 꺼지고 시신이 도르래를 타고 밖으로 빠져나와 있었다. 살은 몽땅 타 없어지고 거뭇거뭇한 뼈만 앙상하게 남아 있었다. 흰 장갑을 끼고 작업하던 인부가 뼈를 뒤적여 반짝이는 금니 하나를 골라내며 혼잣말처럼 중얼거렸다.

"젊은 사람이 큰 병을 앓았나, 뼈가 시커멓게 옹골져, 쯧쯧…."

탈진해서 늘어져 있던 시누이는 눈을 번쩍 뜨며 그쳤던 오열을 다시 터뜨렸다.

"수야, 우리 수야! 한 번 앓기라도 하고 가면 이렇게 억울하지는 않지!"

작업인부는 자지러지는 가족에게 잠시 확인만 시키고 유리로 칸막이가 된 옆방으로 유골을 운반해 갔다. 옮긴 유골을 방앗간의 고춧가루 빻는 기계처럼 생긴 네모난 쇠확에 넣고 분쇄시켰다. 밑으로 흘러내린 억센 가루를 다시 절구에 옮겨 담아 보드라운 가루가 될 때까지 오랫동안 찧었다. 불과 2시간 남짓에 걸출하던 장정의 몸이 몇 줌의 가루가 되어 나오다니, 급작스레 달라진 시신을 보고 모두들 귀신에 홀린 듯 어안이 벙벙해서 슬픔조차 잊고 있다.

곱게 한지로 봉한 유골함을 주며 뒷동산에 가서 뿌리라고 한다. 뿌리되, 내려 올 때는 뒤돌아보지 말고 냉정하게 돌아서야 한단다. 유가족이 아쉬워서 자꾸 뒤를 기웃거리면 영혼이 떠나지 못하고 따라올 수가 있다고 화장터 직원이 정색을 하고 일러주었다.

애달파서 발길이 쉽게 떨어지지 않는 영혼이라면 가족 곁에서 단 얼마간이라도 머물게 할 수도 있지 않을까? 강경한 직원의 태도가 이제 조카는 이승에 발붙일 수 없는 엄연한 고인이라는 사실을 뼈아프게 일깨워 준다.

장가 안 간 총각이라 위패는 절에다 안치하기로 하여 시누이가 다니는 절에서 불교의식으로 장례를 또 한 번 치렀다. 곁에 모셔진 다른 꽃다운 영정이 방그레 웃는 것처럼 느껴졌다.

"익수야, 외롭지는 않겠다, 이제 고통도 슬픔도 없는 세상에서 이승에서 미처 맺지 못한 아름다운 인연을 만나 따뜻한 보금자리를 꾸미려무나…."

그 아리고 빛나던 시절

스무 살, 그 까마득한 시절을 어디서부터 풀어나가야 할까? 거울 위에 구르는 햇살과 같이 화사했던 그 봄날의 억누를 수 없는 감격을 꼭 짚고 넘어가야 할 것 같다.

중세의 암흑기만큼이나 길고 암담했던 재수생 시절을 마감하고 이화여대에 시험을 치른 뒤, 발표할 날만을 손꼽아 기다리고 있었다. 그날 바로 학교 앞에 사는 여고 동창에게 부탁해 합격여부를 숨 졸이며 기다리고 있었다. 간혹 잘못 걸린 전화벨을 차마 받지 못하고 시한폭탄을 바라보듯이 얼어붙었던 절체절명의 시간. 드디어 합격의 낭보가 전화선을 타고 날아왔다.

남보다 한걸음 뒤처졌다가 다시 올라 선 계단 위의 풍경은, 세상을 온통 뒤바꾸어 놓은 듯 눈이 부셨다. 어두운 다방 구석에 앉아 팝송 한 번 마음 놓고 들어보지 못했던 불과 몇 달 전의 생활이 흑과 백의 화면처럼 선명하게 대비되어 내 앞에 펼쳐졌다.

전교 학생의 예배 장소이기도 한 대강당으로 오르는 계단은 경사각도가 좋이 40도는 되리만큼 가파르다. 그 계단을 오를 때는 천국으로 향하는 기분이 바로 이런 것이 아닐까 하는 생각이 들기까지 했다.

단과대학별로 예배를 보았는데 나 같은 무신론자에게도 화, 목요일 12시부터 30분간 갖는 사범대학 예배시간은 어린 영혼을 성숙시키는 소중한 시간으로 자리잡혀가기 시작했다. 그때나 지금이나 특정 종교에 대해 장광설을 늘어놓는 것을 못 견디는 성격이라 만일 출석 체크만을 위한 자리라면 벌써 펑크를 내고 그 자리를 박차고 나왔을 것이다. 그러나 김흥호 교목을 비롯해 김옥길 총장, 김동길 교수님의 명강의를 듣는 시간은 빠질 수 없이 소중해서 점심을 거르면서라도 들으려고 늘 학생들이 빽빽하게 들어찼었다.

트랙과 관중석이 엄청나게 큰, 운동장을 끼고 도는 꽃길은 교화인 배꽃이 눈부신 드레스를 걸친 신부처럼 나부끼어 '미소로'라고 명명되었다. 그 길을 걷노라면 왼쪽 켠 음대 중강당 건물에서 퍼져 나오는 낭랑한 소프라노 소리가 퍽이나 듣기 좋아 미소가 저절로 얼굴 가득 번지곤 하였다.

요즈음은 불과 몇 분 간격으로 전철이 통과하는 데도 어떤 이는 창자가 다 끌려 나가는 것 같은 교통지옥이라고 호소하지만 그 시절에는 자가용도 흔치 않고 버스가 유일한 교통수단일 때였다. 만원 버스에서 1시간가량 시달리다 신촌 근처에서 한 숨에 부려놓은 짐짝처럼 차 밖으로 밀려나와서는 학교 제일 뒤쪽에 자리한 사범대학 건물로 뛰어 가노라면 숨이 턱에까지 차며 하늘이 노래지곤 하였다. 다른 단과대학으로 통하는 길은 모두 포장도로였으나 유독 사대 앞길만 잔돌이 발부리에 차이고 가을이면 코스모스가 해맑갛게 하늘거리는 오솔

길이었다.

사범대 건물의 붉은 벽돌만큼이나 강직하고 엄격하셨던 교수님들. 교육철학을 전공하신 정교수는 대학 동급생과 결혼한 분이셨는데 고등학교 윤리교사인 부군과 조간신문 한 부도 반으로 갈라서 읽는다는, 철저하게 남녀평등을 강조하는 분이었다. 2대에 걸쳐 내외분이 모두 교수인 김인회 교수님은 인간은 평등한 존재라는 것을 손에 잡히도록 인식시켜 주셨다. 콜로라도의 달밤이 너무나도 아름다워서 고집하던 독신생활을 벗어던지고 연하의 남성과 결혼한, 키만큼 스케일이 크고 화통한 안인희 교수님은 불의를 보면 참지 말라고 간곡하게 깨우쳐 주셨다.

그분들의 정의와 지혜의 가르침으로 미망에서 갓 눈 뜬, 스무 살. 걷잡을 수 없이 피가 끓는 청년들은 유신체제에 깔려 숨쉬기가 힘들었다. 일인 독재에 맞서 성난 안암골 호랑이와 신촌의 독수리들은 상아탑을 대변하듯 울부짖었다. 그 울분의 크기에 비례해서 아니, 오히려 몇 곱절의 무장으로 경찰은 탄압을 가해왔다. 그들의 방망이와 페퍼포그 남발로 인해 학생들은 속수무책 피 흘리며 쓰러져갔다.

남학교의 교문이 무장한 군인에 의해 폐쇄되자 포효하는 젊은이들은 여학교로 몰려왔다. 경찰을 따돌리고 후문으로 잠입한 남학생들은 대강당 앞 자유의 광장에 자리 잡았다. 우리는 그 옛날 여인들이 무너져가는 행주산성을 사수했듯 치마폭에 돌을 담아 날랐다.

시위 학생수의 열배나 동원된 경찰에 의해 남학생들이 모두 연행되어 간 뒤 남은 우리는 연약한 몸이나마 행군을 계속하려 하였다. 그때, 김옥길 총장은 신념의 망토자락을 휘날리며 나타나 눈물로 간곡히 만류하셨다. 지금도 그때의 청청하던 목소리가 선연하게 귀에 울리곤 한다.

"이화인 여러분! 저는 누구보다도 여러분을 사랑합니다. 여러분의 울분도 충분히 이해합니다. 그러나 우리들이 바라는 나라를 만들려면 절대로 무력행사에 동참해서는 안 됩니다. 여러분부터 민주적인 방법을 택하십시오!"

결국 총장의 애정 어린 설득에 우리들은 대강당으로 되돌아갔다. 그곳에서 총장님 주도하에 밤새 철야 기도를 드렸다. 아직 봄기운이 썰렁한 무렵이라 밤새도록 스팀을 틀어 우리들을 따뜻하게 보살펴주셨다.

그즈음 우리들이 즐겨 부른 데모송이 있다. 「금관의 예수」라는 곡인데 '얼어붙은 저 벌판, 얼어붙은 저 거리, 누굴 위해 방황하나 저 얼굴 없는 사람….' 흥얼거리다보면 어느새 그 쓸쓸한 노랫가락에 젖어 금방 그 시절의 삭막함으로 되돌아가곤 한다.

결국 그날 이후 며칠 만에 주동자 격인 법정대 출신 학생회장과 간부진이 연행되고 휴교령이 내렸다. 금족령 내린 담장 너머로 뵈는 교정 안의 진달래 무리는 왜 그다지도 속절없이 붉디붉게 타오르던지.

봄이 오면 싸하게 아리던 그 젊음이 생생히 떠올라 나는 더욱 심하게 몸살을 겪나보다.

딸에게 쓰는 편지

노란 은행잎이 꽃비처럼 휘날려 쓸쓸해진 거리를 환하게 비추고 있다. 플라타너스의 단풍은 또 얼마나 가슴을 훈훈하게 데워주고 있는지. 영국신사처럼 말쑥한 메타쉐콰이어도 어느새 황금물을 들여 가을이 꽤 깊었다는 것을 자각하게 만드는구나.

가만히 하늘을 들여다보면 눈썹에 파란 물감이 든다. 두 손으로 따뜻한 볼을 쓸어보면 손바닥에도 파란 물감이 묻어난다. 다시 손바닥을 들여다본다. 손금에는 맑은 강물이 흐르고, 강물 속에는 사랑처럼 슬픈 얼굴 – 아름다운 순이의 얼굴이 어린다.

윤동주는 눈이 시리도록 파란 가을 하늘을 천진무구한 소년의 눈으로 이렇게 시를 읊어 놓았다. 이 좋은 가을날에 자율학습하느라 밤이 늦도록 돌아오지 않는 너를 엄마는 안타깝게 기다린다. 창밖 계절의 변화를 느껴볼 틈도 없이 오직 시험 준비로 바쁜 너희들을 보면 어미의 속이 한없이 아려온다.

너희들을 무한한 가능성을 지닌 묘목에 비유할 수 있겠지. 개개인의 특기에 따라 진로도 결정되어야 한다고 어미는 생각하기에 개성을 고려하지 않는 우리의 교육적 현실이 답답하기만 하구나.

그러나 딸아!

우리 그렇게 비관적으로만 생각하지 말자. 한 인간이 태어나서 성인으로 성장하려면 상상하기조차 어려운 온갖 시련을 겪어야만 된단다. 우리 앞에 주어진 일이 귀찮다고 꺼리고 미루다 보면 점점 더 싫어지고 그런 부정적인 태도가 굳어지면 현실을 헤쳐 나갈 수 있는 능력을 아주 잃어버릴 수도 있단다. 동트기 전의 어둠이 가장 짙듯이 지금의 시련이 너희들 인생의 큰 밑거름이 될 것을 어미의 경험으로 확신할 수 있기에 하는 말이다.

지금 붉은 물을 한창 뿜어내는 단풍나무를 보자꾸나. 봄에 싹이 돋아 잎을 피우고 태풍에도 의연히 버티며 엽록소를 만들었기에 이렇게 고운 자태로 환하게 자신을 드러낼 수 있는 것이 아니냐.

엄마는 네가 믿음직스럽다. 언젠가 사생대회에서 그렸던, 줄기가 옹골찬 소나무처럼 어떠한 역경에서도 자신을 바로 세울 수 있다고 생각하기에. 흔히들 무심하게 보아 넘기는 사소한 사물도 너의 직관을 거치면 속리산 정2품 소나무처럼 새롭게 태어나는 것을 보며 어미는 그 예술성에 자주 놀라곤 한다.

딸아!

몇 년 동안 발코니에 방치해 놓았던 서양난이 밤사이에 꽃을 활짝 피워 올렸구나. 바싹 메마른 잎을 보면 힘차게 솟구친 꽃대 위에 수려하게 피어난 꽃송이들이 마치 조화라도 되는 양 신비스럽기만 하다. 너의 맑은 눈망울처럼 순백의 꽃잎이 황홀해서 처음에는 가까이 가서 보지도 못했단다. 서양난은 향기가 없다고 들었는데 그 말은 사실이 아닌 모양이다. 코끝을 스칠 듯 말 듯한 향기에 며칠째 그 곁을 서성이게 되는구나.

쾌적한 온실에서 자라난 식물보다 다소 강한 햇볕을 받고 비바람에 견딘 식물이 더욱 싱싱하고 향기로운 꽃을 피울 수 있다는 사실을 다시 한 번 깨닫는다.

산을 오르다 보면 보아주는 이 없어도 용담, 구절초가 잡목림 사이에서 빛을 발하고 있지 않니. 남을 의식하지 않고 선 자리에서 꿋꿋이 자신의 일을 하다보면 개인적 성취도 이룰 수 있고 아울러 타인으로부터 인정도 받게 되는 것이다. 목표를 정해놓고 묵묵히 열성을 다하는 자세가 특히 청소년기에는 필요하다. 최선을 다한 일은 결과가 다소 미흡하더라도 후회가 남지 않는 법이란다.

딸아!

자정이 다 되어 기진맥진해서 귀가하는 너를 보며 엄마는 이제 더 이상 가슴 아파하지 않으련다. 자리에 바로 눕지도 못하고 책을 펼친 채 엎드려 잠이 든 너를, 차마 깨우지 못할 적이 있다. 그러면 어미도 네 곁에 앉아 시간 가는 줄 모르고 책을 읽다가 어느덧 새벽을 맞게 된다. 희붐해진 창을 열면 알싸한 공기가 몸을 휘감는다. 가슴 깊숙이 번져오는 그 뿌듯한 기분은 이미 온 세계를 얻고도 남을 희열이라는 걸, 너희들은 알겠지.

꽃비가 내리던 날

은행잎이 노랗게 꽃비를 뿌리는 날, 경복궁에 앉아 있다. 30년만이다. 갑갑하게 앞을 가로막던 중앙청이 철거되고 근정전이 단아하게 제 모습을 드러내고 있다. 그 뒤로 인왕산은 또 얼마나 의젓하고 위풍당당한지. 일제 강점기에 한민족의 기백을 꺾으려고 그들은 산맥의 정수리마다 징을 박아놓지 않았던가. 천지가 온통 노랗게 물든 옛 궁궐에 서니 만감이 교차한다.

품계를 표시해 놓은 화강석 푯말을 손으로 가만히 쓸어본다. 많은 영욕을 겪은 돌이다. 세월의 풍상 속에 귀퉁이가 닳은 돌은 말이 없다.

30여 년 전의 여고 시절 단짝 친구를 기다리고 있다. 그녀는 대학 졸업 후, 곧장 미국으로 이민을 갔다. 그곳에서 전공을 바꾸어서 컴퓨터엔지니어링 학위를 취득하고 세계적인 전자회사에 오랫동안 근무하다 마흔이 넘어 결혼했다.

그리고 딸을 낳은 뒤엔 회사에 사직서를 내고 들어앉아 아이만을 키웠다. 이메일로 보내온 그녀의 딸아이 모습은 사십대 중반에 낳았음에도 똘똘하고 당차보였다. 이름이 세라라고 하였다. 바로 그 아이가 아름드리 은행나무 밑으로 폴짝폴짝 뛰어오고 있다. 꼬마의 화사한 모습에 눈이 부시다. 아이 주변에 깔려 있는 노란 은행잎 탓만은 아니다.

그네와 나는 계절로 치자면 조락의 기운이 역력한 가을에 속한다. 그러나 세라는 새움을 틔운 눈부신 연록이다. 만물이 생동하는 봄인 것이다. 가슴이 벅차오른다. 낙엽은 땅에 묻혀 세라처럼 눈부신 새싹을 돋게 하는 법이다.

우주 만물의 질서는 이렇게 정확하고 명징한 것을. 새삼스레 자연을 거스르려 발버둥쳤던 수없이 많은 나날들이 무상하게 느껴진다.

올 한 해는 유난히 견디기가 힘들었다. 속에서 가늠할 수 없는 불길이 치솟아서 바깥으로만 나돌았다. 철없이 흔들리던 2, 30대 초에, 내 중심을 바로잡아 주던 분들이 졸지에 하나 둘 곁을 떠나갔다. 오빠와 육촌의 연이은 죽음과 문단의 길로 들게 해 주신 선생님의 부음은 갈피를 잡을 수 없이 우왕좌왕 헤매게 만들었다.

이제 불꽃을 삭여 재로 다스릴 시간이 온 것 같다. 인간도 우주 속의 극히 작은 일부가 아니런가. 나도 때가 되면 그들처럼 스러져, 연이 닿는다면 어느 우주 공간 속에서 또다시 만나게 되지 않겠는가….

4

불꽃 삭이기

들꽃 부케

구름 한 점 없이 하늘이 짙푸르던 날 '창원의 집'에서 열리는 혼례식에 참석했다. 삽상한 바람이 볼을 스치고 봉림산 자락 위로 펼쳐진 쪽빛 하늘이 시리게 다가오는 것을 보니 이제 완연한 가을인 것 같다.

지난여름 광마처럼 휩쓸고 지나간 태풍의 흔적은 어디에서도 찾아볼 수 없었다. 단지 은혜로운 햇살이 예식장을 꾸민 한옥정원으로 내리쬐고 있을 뿐.

야외 혼례식에 오랜만에 참석하고 보니 문득, 24년 전 나의 결혼식이 떠올랐다. 그날도 오늘처럼 날씨가 쾌청했었다. 맑은 웃음소리가 탁구공처럼 교정을 가로지르고 신랑신부와 하객들은 물 오른 수목과 어우러져 싱그럽게 빛났다.

추억을 되새기고 있자니 사회자의 안내 방송이 들려왔다. 오늘 혼례식은 식을 올리지 못한 영세 장애인 부부를 위해서 '참 자원 봉사회'가 무료로 치러주는 것이라고 했다. 설명을 듣고 주위를 돌아보니 과연 대다수의 하객이 연륜이 쌓인 초로의 모습들이었다.

7쌍의 신랑신부가 창원대학 학군단 예도대의 사열을 받으며 입장하는 것으로 식이 시작되었다. 귀가 안 들리는 신부는 앞이 안 보이는 신랑을 정성껏 인도하고 다리가 불편한 신랑 역시 휠체어에 앉아 아내의 익숙한 보살핌을 받으며 입장하는 모습들을 보니 코끝이 시큰거렸다. 그들은 형편이 여의치 못해 여태껏 식을 올리지 못했을 뿐, 부부의 연을 맺은 지는 이미 오래된 사이였다.

따가운 햇살에 콧잔등에 땀이 송골송골 맺히며 그들은 더 할 수 없이 성스러운 혼례식을 올리고 있는 것이다. 실상 내리쬐는 햇볕보다도 그들을 더욱 더 곤혹스럽게 하는 것은 평생 처음 받아보는 대중으로부터의 관심일 터이다. 그들은 오십이 다 되어 비로소 치르는 성혼의 축복을 받으며 가슴이 벅차올라 몸을 사시나무 떨듯이 떨고 있는 것이리라. 불구의 몸으로 자식을 키우고 어렵게 생계를 꾸리느라 이마와 입가에 주름살이 깊게 잡혀갔다. 부실한 육체로 힘겹게 건너왔을 통한의 세월이 이 시간, 그들의 가슴을 아프게 쓸어내리고 있는지도 모르는 일이다. 그들의 회한이 얼굴 위에 번지는 것을 지켜보며 가슴이 찡해져 있는데 사회자의 새로운 안내가 주위를 환기시켰다. "다음에는 신랑 없이 신부만 입장하겠습니다. 이분들의 평생소원은 면사포를 한 번 써보는 것이었답니다." 신랑 없는 신부라니? 이 무슨 해괴한 소리란 말인가, 영혼결혼식이라도 올린다는 것인가.

이미 칠순을 한참 넘겼을 할머니 두 분이 분을 곱게 바르고 눈썹도 붙이고 눈부시게 하얀 드레스로 성장을 하고 입장했다. 이들의 발걸음은 앞의 장애인 부부들보다도 한결 더 힘겨워 보였다. 들꽃다발을 부여잡은 까칠한 손이 안쓰러울 정도로 부들부들 떨리고 있었다.

60여 년 전, 이들은 순결한 꽃봉오리를 미처 피워보지도 못하고 전쟁터로 끌려갔던 것이다. 일본군에 의해 무참히 짓밟힌 수치 때문에 고향으로 돌아가지도 못하고 한평생 고향집 먼발치에서 배회하는 동안 꽃다운 청춘이 모조리 무너져 내렸던 것이다. 이들은 한숨과 눈물로 지샜던 통한의 긴 터널을 빠져나와 오늘 문득, 눈부신 신부로 새로 태어나고 있다. 어느 앳된 신부보다도 더 수줍은 볼 위로 하염없이 눈물이 흘러내리고 있다. 나의 눈에서도 걷잡을 수 없는 눈물이 쏟아져 내렸다. 갈가리 찢겨진 그녀들의 상처를 치유할 수만 있다면 내 몸의 물기가 다 마른다 한들 어찌 흐르는 눈물을 막을 수 있을 것인가.

우리 인간은 어처구니없게도 망각이라는 편리한 능력을 갖고 있다. 앳된 소녀의 삶을 송두리째 삼킨 치욕의 역사도 생때같은 목숨을 무더기로 앗아간 붉은 무리들도 내 한 몸 안락하고 이로우면 까마득히 잊고 쉽게 용서하고 있으니 말이다. 오늘의 결혼식을 통해 바래가는 수난의 역사를 생생하게 되살리게 되었다. 그리고 자라나는 아이들에게도 필히 가르쳐야 될 것을 통감했던 하루였다.

몸

내 침대 머리에는 누드 드로잉 한 점이 걸려 있다. 목을 외로 꼬고 등을 비스듬히 보이며 누워 있는 여인의 뒷모습 그림이다. 앙상한 어깨가 가볍게 달싹이는 걸로 보아 하루가 매우 고단했던 모양이다. 앞모습을 바로 볼 수 없으나 가녀린 등의 선으로 미루어 모딜리아니의 여인들처럼 소소한 바람이 묻어나는 얼굴일 것이라고 짐작하고 있다.

하루를 마감하고 잠자리에 들며, 여인의 고단한 숨소리를 들으며 숙연해져 나의 하루를 되돌아보곤 한다. 편안한 잠자리에 몸을 뉠 만큼 나의 육체는 하루치의 노동에 충실했는가 하고.

이상스럽게도 나는 생명 없는 그림에서 끊임없이 여인의 곤고(困苦)한 삶을 읽어 내며 명치끝이 싸아 해지는 것이다.

사람의 몸은 참으로 많은 것을 말해 준다. 그 사람이 어떤 길을 걸어 왔는지, 따뜻한 마음을 지녔는지, 꿈을 가꾸는 사람인지, 또는 살맛이 뚝 떨어져 세상을 등지고 있는지. 이 작품 속의 나부는 고혹적이라든가 음란하다는 것과는 동떨어진 느낌을 준다.

연전에 이혼한 탤런트가 누드 사진집을 발간해서 세간이 떠들썩한 적이 있었다. 여주인공이 전라로 나오는 「미란다」라는 연극이 외설시비에 휘말려 법정에서 공연 금지명령을 받은 사건도 있었다. 그러나 불순한 목적이 덧칠되고 실상이 왜곡되어 그렇지 인간 본래의 몸은 신이 빚은, 세상에서 가장 신비한 조형체인 것이다. 더구나 여인의 몸은 더 말할 나위가 있겠는가.

최근의 한 실험에서 잠자리에 들 때는 아무것도 걸치지 않는 것이 인체 성장에 가장 좋다는 결과가 나왔다고 한다.

'옷은 인체의 바깥으로 불거져 나온 남근처럼 육체의 기관을 외연하고 있다. 아프리카인들은 살에 상처 내서 무늬를 만든다. 흉터로 만든 옷, 옷을 걸친다는 것은 몸을 바꾸는 것이다.' 한 건축가의 설계도에 실린 이런 글귀를 보며 그 동안 우리는 순결한 몸 위에 너무 많은 관념의 옷을 덕지덕지 입히고 있지 않았나 하는 생각이 들었다.

개성적 연기를 펼쳐 뮤지컬에서 명성을 떨치고 있는 한 배우는 작년에 수중분만을 시도했다. 배우로서의 산후 몸매 관리에도 이 방법이 최선일 뿐 아니라 무엇보다도 태아가 스트레스를 가장 적게 받는다고 하여 택한 결정이라고 한다. 커다란 욕조에 인공 양수를 채우고 부부가 같이 욕조에 들어가서 진통이 올 때마다 남편이 뒤에서 아내를 끌어안고 힘을 북돋워 주어 퍽 안정된 상태에서 분만을 할 수 있었다고 한다. 산모는 얇은 윗도리 하나만 걸치고 남편과 같이 호흡을 맞춰가며 분만하는 상황을 그대로 자연스럽게 공개했다. 유전자를 물려 줘 생명을 잉태하게 한 아빠도 아기의 탄생에 적극 동참하는 감동적인 장면에서 나도 모르는 새에 눈물이 흘렀다. 그 거룩한 장면을 놓고 누가 감히 외설 시비를 하겠는가.

갓 태어난 어린아이에게 젖을 물리는 어머니의 가슴은 얼마나 아름답고 숭고한가. 나 스스로도 열에 들떠 심하게 보채는 아이에게 부끄러움을 무릅쓰고 버스 안에서 젖을 물린 경험이 있다.

어떤 목적으로 드러내고 사용하느냐에 따라 몸의 가치는 달라진다. 영국 요크셔 지방의 한 소도시에서는 부녀 회원 11명이 알몸으로 달력 사진을 찍어 6억 원 가량의 수입을 올려 백혈병 연구기금으로 쾌척했다고 한다. 한 회원의 남편이 백혈병으로 숨진 것에 충격을 받아 기금을 마련하고자 이와 같은 아이디어를 고안해낸 것이다. 처음에는 용기가 나지 않아 포도주를 한 잔씩 마시고 촬영에 들어갔다고 한다. 해바라기를 하나씩 들고 석양에 물들어 가는 여인들의 육체를 상상해 보라. 고인이 백혈병 진단을 받고 나서도 수개월 동안 마을 곳곳에 해바라기 씨를 심었다고 한다. 고인의 값진 뜻을 간직하고자 부끄러움을 무릅쓰고 과감하게 알몸을 드러낸 그녀들이야말로 얼마나 아름다운가.

오래 묵은, 나의 왜소한 몸에 대한 열등감을 일시에 씻어낸 공연이 있었다. 생명주 한복을 곱게 입은 공옥진이 5척이 채 안 되는 작은 몸으로 무대를 휩쓸고 다닌 모습은 가히 장관이었다. 살풀이를 출 때 객석에서는 숨소리조차 잦아들었다. 춤사위마다 미세한 신경조직이 퍼져 있지 않나 하는 착각이 들 정도로 처연한 몸짓이었다. 병신춤을 보고 있노라면 처음에는 그 뒤틀리고 이지러진 얼굴 표정과 몸짓에 웃음이 나온다. 그러나 이내 익살의 꺼풀이 벗겨지며 웃음이 스러지게 된다. 웃음 바탕에 배어있는 뼈저린 한이 그녀의 춤사위를 통해 어느덧 관객의 의식을 지배하기 때문이다. 단구를 통해 터져 나오는 걸쭉한 해학과 풍자 넘치는 재담을 듣고 있노라면 영혼이 말갛게 헹구어지는 것 같았다. 공옥진은 몸을 통해 한을 풀고 관객 역시 그녀의 한풀이를 거들고 있는 것처럼 보였다. 그녀의 작은 몸으로 만들어내는 웃음 반 눈물 반의 놀이판은 이대로 주저앉을 수 없다는 삶에 대한 강한 욕구를 충동질했다. 삶에 찌들려 의기소침한 이들은 그녀와 같이 울고 웃으며 한판 신명나는 굿판을 벌이고 있었다. 그녀의 몸은 마치 북이 된 듯 참담한 고뇌를 토해내고 있었다. 몸은 이미 육체를 떠나 접신의 영매로 환치되었다면 나의 상상이 지나친 것일까? 몸은 생명을 잉태하는 토양이자 우주를 이끌어가는 힘찬 에너지의 산실인 것이다. 공옥진의 작은 몸을 통해 흘러나오는 불같은 힘이 왜소한 나의 몸에 대한 열등감을 말끔히 씻어내고 있었다.

수많은 10대 어린 몸들이 눈 먼 성인남자들로부터 농락을 당하고 있다고 한다. 열대야 현상으로 잠 못 드는 밤, 초경을 겪던 그 밤처럼 내 침대 머리에서 누드의 여인이 몸을 뒤척이고 있다.

죽비 세례를 받고 싶다

언제부터인가 머릿속에 먼지가 쌓이기 시작했다. 눈에 띄지 않게 조금씩 쌓인 것이 이제는 가슴을 짓누르는 듯 느껴진다.

창틀의 먼지를 털어내거나 빨래솥 안에서 섬유의 올을 따라 풀려나는 절은 땟국물을 보노라면, 나의 남루한 몸도 펼쳐 놓고 깨끗이 씻어 말리고 싶어진다. 뇌 주름을 얽어매고 있는 어쭙잖은 관념일랑 흐르는 물에 띄워 보내고 탄탄한 올만 거둬, 볕 좋은 자갈밭에 널었다가 눈부신 무명으로 태어나고 싶다.

따져 보면 허겁지겁 달려올 일도 별반 없었건만 마음을 저당 잡힌 듯, 빈껍데기로 오늘까지 살아온 것 같다. 하루에도 열 두 번씩 요동치는 마음자리를 들여다 볼 나만의 한적한 시간을 갖고 싶다.

'이것이 무엇인고?' 시시 때때로 맴도는 이 마음이 대체 무엇인지 찾아낼 화두 하나 받들고 흐릿해진 정신이 번쩍 들도록 준엄한 선방 스님의 죽비 세례를 받고 싶다.

청소년기에 '룸비니'라는 불교 동아리에 입문했다. 룸비니는 부처가 태어난 인도의 한 작은 동산 이름이다. 토요일 오후마다 종묘 뒤쪽의 절집 법당을 빌려 동국대학교 불교학 교수도 초청하고 조계종의 이름난 스님도 모셔 와서 설법을 듣곤 했다.

무더운 여름날 오후, 어려운 설법을 듣노라면 깜빡깜빡 졸음이 몰려오고, 간혹 몇 줄 비껴 앉은 신입회원의 빡빡 민 머리통이 가슴을 울렁이게도 하였다. 2부 시간에 가진 치열한 토론은 인생을 살아가는데 큰 교훈을 얻게 했다. 수줍음을 많이 탔던 나는 중학 시절에는 주로 뒷자리에 앉아 소극적 태도로 회원들 얼굴 익히기에 급급했다. 그러다 고등학교에 진학했는데 동아리를 통해 나에게 자신감을 불어넣는 좋은 기회를 가지게 되었다. 눈이 펑펑 쏟아지는 겨울방학에 경기도 보광사에서 열린 3박 4일의 수련회가 그것이다.

새벽 4시, 예불을 알리는 종소리가 칠흑 같은 어둠을 뚫고 경내에 퍼지면 살얼음을 걷고 세수를 했다. 그런 연후에 법당에 들어 두 무릎, 두 팔꿈치와 이마를 바닥에 붙이는 가장 낮은 자세로 백팔 배를 올리면 잡생각이 물러나고 겸손한 마음이 절로 생겨났었다.

예불이 끝나면 벽을 마주하고 바로 좌선에 들어갔다. 내 마음자리가 도대체 무엇인가 하는 어려운 화두가 주어졌다. 첫날은 마음조차 모을 수 없었다. 이튿날엔 정신을 한곳에 모을 수는 있었으나 자주 생각의 끈을 놓쳤다. 사흘째 되던 날은 신기하게도 별로 힘을 기울이지 않고도 한곳으로 정신을 집중할 수 있었다. 제대로 선정에 들면 머릿속이 말갛게 비워지는 무념무상의 상태가 된다고 한다. 그러나 무념무상은 커녕 코를 골고 자던 남학생들의 등짝으로 여지없는 죽비 세례가 쏟아졌다. 가뭇하게 졸고 있던 나도 등줄기를 관통하는 세찬 죽비소리에 놀라 깨어났다. 혼을 휘어잡는 서늘한 소리였다. 뒤에 법당 청소를 하면서 세심하게 살펴보았더니 지름 5~6 센티미터 정도의 올곧게 자란 대나무를 중간 부위에서 반으로 갈라놓았는데 절개된 양면이 맞부딪치면서 소리가 크게 울리도록 만들어져 있었다.

남겨서 버리는 음식물 때문에 곤혹스러운 세상이 되었다. 밥풀 한 알도 남기지 않던 수련대회에서의 알뜰한 공양을 자주 떠올리곤 한다. 절집에서는 식사 시간이 되면 작은 함지박을 네 개씩 나눠주는데 그 나무 그릇을 바루라고 한다. 이 식기 이름을 본떠, 절집 식사를 바루 공양이라고 한다.

바루 네 개를 정사각형으로 앞앞이 놓고 앉았으면 식사 당번이 돌면서 앞에 놓인 바루에는 밥과 국을 담고 뒤에 것에는 김치와 나물류를 덜어 주고 간다. 식사가 어지간히 끝나가면 물 주전자가 도는데 다 비운 밥그릇을 물로 헹구고 나머지 찬그릇도 돌아가면서 씻어낸다. 마지막에 그 물을 훌쩍 마시고 나면 빈 바루는 반짝반짝 옻칠을 드러내며 해말간 얼굴로 웃는다. 밥상머리에 앉아서 젓가락으로 깨질깨질 밥알을 흩다 남기는 일이 허다한 딸애를 보노라면 입시고 뭐고 당장 끌어다 수련회에 보내고 싶다. 그러고 보니 서양식 뷔페는 그 원조가 절의 바루 공양이 아닌가 싶다.

요즈음은 도시 중심가에도, 지친 샐러리맨들이 머리를 비우고 쉴 수 있는 선방이 곳곳에 마련되었다고 한다. 맞물린 톱니바퀴처럼 숨쉴 틈 없이 일하는 월급쟁이들은 어디로 가는지 향방조차 모르는 채 나날이 시간에 쫓기고 있다. 도심을 벗어날 시간을 얻는 일은 거의 불가능하니, 점심식사 후라도 잠깐씩 선방에 들러 머리를 식히는 일로, 오후의 업무를 추진하는데 상당한 재충전의 효과를 얻게 되리라고 믿는다.

나는 이왕이면 골바람이 가슴 밑바닥까지 쓸어내려 줄 풍광 좋은 송광사나 해인사로 가고 싶다. 방이 벽으로 가로막히지 않아 실팍한 어깨를 드러낸 가야산의 능선과 마주 할 수 있으면 좋겠다. 머리를 비우지 못해 끙끙거릴 때는 대웅전을 지켜 온 노승 같은 적송을 바라보며 힘을 얻고 싶다. 눈부신 녹음에 안겨 며칠 묵언 수행을 하다 보면 잡다하게 얽힌 일상사로부터 자유로워져 내 몸도 절로 자연의 품으로 녹아들겠지. 세속에 찌든 때를 말끔히 걷어 내고 순연한 눈빛의 마음자리로 되돌아가기 위해 이 여름, 죽비 세례를 받고 싶다.

석곡(石斛)

석곡이 드디어 꽃을 피웠다. 얼마 전부터 잎하고는 다른 모습의 새순이 뾰족이 올라와 하루가 다르게 성장하더니만 길쭉한 줄기 끝에 마치 곡옥을 매달아 놓은 것 같다. 또 며칠이 지나더니 청옥처럼 생긴 모습에서 연보라의 물을 머금은 황홀한 꽃봉오리로 변해갔다. 그리고는 오늘 아침, 그 봉오리를 터트렸다. 드러낸 꽃잎 안쪽을 들여다보니 여느 꽃과 같이 좀 봉긋한 암술이 가운데를 차지하고 있고 주변으로 수술이 겨우 형상만 유지하고 있다. 마술에라도 걸린 듯 넋을 놓고 들여다보고 있다. 코끝을 스칠 듯 말 듯 한 향기가 신비스럽기만 하다.

우리 집에는 석곡 말고도 푸른 잎을 가진 식물이 꽤 있다. 보스톤, 켄자야자, 소철, 관음죽, 아스파라거스, 박쥐란, 행운목, 선인장, 꽃기린, 조란 등등의 분이 비좁은 베란다를 차지하고 있다. 아이 출생을 기념한다든가 이사 등 특별한 명목을 붙여서 기회 있을 때마다 한 분 두 분 사들인 것도 있고 한 촉을 얻어다 번식시킨 것이 있는가 하면

꽃을 좋아한다고 선물을 해온 것도 간혹 있다.

남편의 출장이나 아이들 방학 때 오래 집을 비우기에 고가의 화초는 키울 엄두를 내지 못 할 때였다. 몇 푼 안주고 산 화분이 삭막한 아파트 공간을 활기 있게 하는데 톡톡히 한몫을 해내는 재미로 그저 물만 가끔씩 주어도 잘 자라는 것으로 고르곤 했었는데 직접 난꽃을 피우게 할 줄은 몰랐다. 이웃이 특별한 비결을 물어오곤 하지만 그저 '적당한 방치'라고 답한다. 기실 나만이 간직한 비법이 없기 때문이다.

옛날 할머님이, 화초가 성하다 보면 어린애를 키우는 집에서는 아이가 충실하지 못하다고 하신 말씀이 기억난다. 아이들을 키우려면 그 보살핌이 세심해야 하므로 화분을 가꿀 여유가 감히 생기지 않는데서 생긴 말이리라.

겨울방학을 이용해서 아이들 외가에 갔을 때이다. 아파트라서 항상 실내 공기가 답답한 편이었는데 그날은 방안에 들어서자 어디서 은은한 향기가 풍겨 나왔다. 두리번거리니 문갑 위에서 꽃 피운 동양란이 눈길을 끌었다. 아버지가 제일 아끼시는 제주 한란이라고 한다. 서양란처럼 화려하지 않으나 그렇다고 결코 초라하지도 않으며 청초함과 기품을 지닌 동양란. 반색을 하며 다가서자, 아버지는 이제 아이들도 웬만큼 키워놓았으니 동양란을 한 번 키워보라고 권유하셨다. 그때 나는 "저는 까다로운 식물은 키울 재주가 없어요." 하며 겁부터 먹고 사양했었다.

그 후 분갈이에 필요한 부식토를 구하러 화원에 들렀다가 우연찮게 석곡과 인연을 맺게 되었다. 오래 전인데도 불구하고 주인이 부른 가격이 만만찮았다. 끈질기게 미련을 갖고 덤비는 내가 측은했던지 딴은 식물을 가꿀 자격을 갖췄다고 인정했는지 3천 원에 석곡 분을 넘겨줬다. 5일장에서 거저줍다시피 한, 유약 칠하지 않은 토기 화분에 분갈이를 하고 시아버님 생전에 주안상으로 쓰셨다는 낡은 호랑이다리소반 위에 모셔 놓으니 한결 운치가 더했다. 들여다볼수록 정이 새록새록 솟아났다. 그리고 마치 선비라도 되는 양 풍류를 즐기고 싶어지는 것이 아닌가.

활엽수의 식물은 거름을 잘 해서 시원스레 넓은 잎과 반질반질한 광택을 관상하게 한다. 그러나 난은 꽃을 피우려면 성장 속도를 다소 억제해야 한다고 한다. 오전에는 직접 광을, 오후에는 반 간접 광을 쐬어야 적절하다고 한다. 기회 있을 때마다 난초에 관한 지식을 얻어 모으지만 내 손으로 꽃을 피우리라고는 전혀 생각하지 못했었다.

굵직한 마디며 조붓한 잎사귀가 쉽게 변치 않는 심지인 양 그저 믿음직스러웠다. 새로 이사 온 아파트의 거실 한쪽 곁에 무심히 놓은 것이 난을 꽃피우는 정석과 우연히 맞아떨어졌나 보다. 하루 종일 석곡분을 맴돌게 된다. 이래서 나이를 먹으면 첫눈에 확 들어오는 서양란보다 은근한 향기와 수줍은 자태를 뽐내는 동양란을 즐기나 보다.

(1991년)

죽음 2제(題)

1. 꽃가마 타고 가셨나요?

꿈속이었다. 누군가를 곁에 끼고 날아오르고 있었다. 발로 찰방찰방 물살을 차내며 아슬아슬하게 호수 위를 나는 것이었다.

하얀 드레스를 입고 머리에 들꽃 화관을 쓴 그녀는 눈이 부시게 환한 모습이었다. 먼 길을 떠난다며 내게 길 안내를 부탁했다. 꿈속에서도 차 수리중인 것을 아쉬워하며 발을 동동 구를 때 동화 속에서나 생길 법한 불가사의한 일이 벌어졌다. 내가 공중으로 사뿐 날아오른 것이다. 게다가 혼자도 아니고 다른 사람을 안고서…. 꿈에서도 별 희한한 일이 다 있다며 반신반의하다가 눈을 떴다. 시계가 새벽 6시를 가리키고 있었다. 비몽사몽간에 겨드랑이를 훑어보고 발도 한 번 쓸어보았다. 꼭 발끝에 물기가 아직 남아 있을 것 같은 꿈의 생생함 때문에….

이런 황당무계한 꿈은 처음이었다. 깨고 나서도 정말 내가 꿈을 꾼 것일까 하는 의구심을 떨쳐버릴 수가 없었다. 장례 행렬이 분명하건만 머리에 두건 대신 모두들 화관을 쓰고 환하게 웃고 있는 모습이었다.

꿈속의 모든 정황으로 미루어 보건대 예사롭지 않은 일임이 분명했다. 꿈풀이를 할 수 없어 답답한 마음을 끌어안고 안절부절못하고 있을 때, 오선생님으로부터 전화가 걸려왔다. "한여사, 김원숙 씨 아시죠? 그이가 오늘 새벽에 세상을 떠났습니다. 한여사도 그분 글을 아끼는 것 같아서 알려드립니다."

오선생이 그녀의 수필집 출판을 맡아, 바로 그 다음날 책이 출간 될 예정이었다. 불과 하루를 더 못 버티고 세상을 떠났다고 몹시 안타까워했다.

간암 진단을 받고 입원한 지 한 달여 만에 애석하게도 유명을 달리했다는 것이다. 정수리를 호되게 얻어맞는 것 같았다. 그랬었구나, 그녀가 이승을 떠나는 마지막 행렬이었었구나. 새벽에 홀연히 든 선잠 속의 꿈이 그녀의 죽음을 예시하고 있었다니. 그런데 그녀는 왜 내게 와서 마지막 가는 길을 부탁했을까? 왜 하필 나였을까? 나는 지금껏 풀길 없는 화두 하나를 가슴에 얹고 있다.

달포가 지나 가족으로부터 부쳐온 유고집 표지를 보는 순간 온몸에 오소소 소름이 돋았다. 꿈에서처럼 화관을 곱게 쓴 그녀가 표지 그림 속에서 눈을 살포시 감고 피리를 불고 있었다.

"지금 뭐하세요? 통영은 저녁노을이 참 아름다워요…"

예전처럼 그녀가 저 세상에서 내게 전화를 걸어온다면 무슨 말로 안부를 전해야 하나, 달개비꽃은 그곳에도 있는지, 아니면 내동댁은 만났는지….

2. 아스팔트 위의 주검

죽음은 아무도 비켜갈 수도 예측할 수도 없는 일이라고 했다. 명대로 살다 명대로 간다고도 했다. 나의 임종은 어떤 모습일까. 최근에 비참하고 어이없는 한 죽음을 목격한 후로 '죽음'이라는 명제가 머릿속을 끊임없이 맴돌고 있다. 문득문득 컴컴한 아스팔트 위에 널브러져 있던 시신을 떠올리며 전율하곤 한다.

8차선 도로변에 위치한 아파트에 살다 보니 크고 작은 교통사고를 거의 매일 보고 있다. 늦은 밤, 오토바이 폭주족들이 쏟아내는 굉음에 밤잠을 설치는가 하면, 다급한 앰뷸런스 소리에 심장이 옥죄어드는 때도 부지기수다.

어느 날, 자정 가까운 무렵에 '쿵, 터억-' 하는 둔탁한 울림과 사람들의 자지러지는 듯한 비명이 들려왔다. 거실에서 남편의 귀가를 고대하던 나는 베란다를 나가 창밖을 내려다보았다. 길가의 포장마차에서 술꾼들이 몰려나와 빙 둘러 서 있고 건널목에 희끄무레한 것이 널려져 있었다. 처음엔 잠잠한 주변의 분위기에 물건이 쏟긴 것이라고 생각하였다.

서재에서 컴퓨터를 쓰던 딸아이도 예사롭지 않은 술렁거림을 느끼고 방에서 쫓아 나왔다. 창틀에 매달려 바깥을 내다보던 딸아이가 갑자기 비명을 질러댔다. 놀라서 자세히 내려다보니, 허연 물체는 사지를 쫙 벌리고 엎어져 있는 사람이었다. 놀란 딸애를 부둥켜안고 거실로 들어와 모녀는 울음보를 터트렸다.

벼락을 맞은 것 같은 급박한 상황에서도 딸아이가 어미보다 현명하게 대처했다. 이대로 보고만 있으면 어떻게 하냐고 빨리 119에 연락을 하자는 것이었다. 사지가 떨려 번호를 제대로 누를 수 없었다. 조금 후, 경찰차가 몰려오고, 앰뷸런스도 도착했다. 축 늘어진 부상자를 들것에 옮기느라 애를 먹고 있었다. 아스팔트 바닥에 흥건히 고인 피를 보며 딸아이가 낮은 소리로 절규했다.

"사람의 몸속엔 도대체 얼마나 많은 양의 피가 들어 있는 거야!"

이틀 후, 건널목에 뺑소니차를 찾는 현수막이 내걸렸다. 외출했던 딸아이가 택시 기사로부터 기막힌 소식을 전해 듣고 왔다. 그 피해자는 현장에서 즉사했다고 한다. 녹색 등을 따라 건널목을 건너던 젊은 남자를 신호를 무시하고 달려오던 차가 치고 달아나고, 뒤따르던 다른 차가 또 치고 달아나고 세 번째 친 운전자가 덤터기를 쓰고 구속되었다는 것이다.

작년에 일본에서 지하철에 추락한 취객을 구하고 한국의 한 젊은이는 목숨을 잃었다. 그 고귀한 죽음을 우리는 영원히 잊지 못할 것이다. 그 의로운 죽음에 비해 아스팔트 위에서 처참하게 생을 마감한 이 억울한 죽음은 어떻게 받아들여야만 할까.

나이가 들면서 산 자를 위한 기도보다 영면한 이들을 위한 기도에 매달리고 싶어진다. 급작스런 지인들의 죽음은 나의 삶을 진지하게 만든다.

릴케는 '죽음이 나의 삶을 성실하게 보장하고 있다'고 죽음을 통해 삶의 기반을 더 확고히 해야 함을 강조하였다. 하늘을 우러러 한 점 부끄러움이 없기를 간절히 기도하던 윤동주도 삶의 열정이 가장 치열할 때, 죽음도 아울러 깊이 생각했다고 한다.

나의 유서는 오래도록 읽힐 수필로 대신하고 싶다.

특별한 결혼식

시리게 푸른 하늘과 청명한 공기가 인간의 영혼을 한층 더 살찌우는 가을날이다. 주말이면 고운 사연을 담은 결혼 청첩장이 단풍처럼 날아든다.

우리 아이들도 결혼 적령기에 들고 보니 장차 어떤 배우자를 만나 둥지를 틀게 될지, 다른 집안의 혼인이 예사로 보이지 않는다. 지나치게 호사스럽게 치러지는 결혼식에 참석하면 왠지 마음이 편치 않다. 단 1회 한 시간가량 사용하기 위해 치장된 생화 값만도 몇 백 만원을 웃돈다는 얘기도 들린다.

우리 내외는 기회 있을 때마다 아이들에게 수없이 되뇌어 왔다. "공부는 하고 싶은 만큼 뒷바라지 해주겠다. 그러나 결혼은 너희들이 벌어서 분수에 맞게 해라!"

30년 전, 우리 내외는 아주 저렴한 돈을 들여 대학 중강당에서 결혼을 했다. 학교에 비치된 기물 사용료 만원과 청소부에게 준 5천 원이 결혼식 비용 전부였다.

이태 전에 우리와 아주 흡사하게 올리는 결혼식에 기분 좋게 참석한 경험이 있다. 청첩장부터 다른 것과 구별되어 참으로 신선했다. 신랑신부가 사랑스러운 모습으로 찍은 사진 이면에 신랑의 시(불현 듯, 나도 그대 그리워 바다의 흰 옷자락 밟으며… 송창우 '5월' 시 일부)를 적어 넣은 엽서였다. 신랑이 손수 만든 아이보리빛 장미 화관을 쓰고 한 발 한 발 세상을 향해 내딛던 순백의 신부모습이 머릿속에 아련하게 남아있다.

결혼을 앞둔 젊은이들에게 당부하고 싶다. 요즈음에는 정작 마음의 화합은 제쳐두고 부차적인 물질의 준비로 부산을 떠는 예비 신랑 신부가 많은 것 같다. 오히려 배우자가의 마음을 진정으로 이해하고, 조화롭게 가정을 꾸리기 위한 일에 많은 시간과 공을 들여야 하리라고 본다.

황금빛으로 물든 은행나무 밑에서 웨딩촬영을 하는 신랑신부의 활짝 핀 웃음이 꽃보다 화사하다. 이 가을, 그들의 새로운 출발을 온 가슴으로 축복해주고 싶다.

빈자리

빨래를 걷는다. 어머니가 삶아 널어, 뽀얀 빛이 묻어나는 내의들을 정성껏 걷어쥔다. 문득, 그리움이 차오른다.

부모님이 다녀가셨다. 2년 만의 딸집나들이시다. 급한 용무로 서울에 간 김에 잠깐씩 뵙고 내려올 때는 미처 몰랐었다. 내 집에 함께 계시다 떠나신 자리가 이렇게 크게 느껴질 줄이야. 사람 드는 자리는 표 나지 않지만 나는 자리는 이렇게 휑뎅그렁한데 부모님은 내색 한 번 없이 반평생을 묵묵히 자식들 빈자리를 지켜 오신 것이다. 이제야 비로소 눈을 뜨는 어리석음에 발등을 찧고 싶다.

한 사흘 머무시는 동안 두 분은 잠시도 쉬지 않고 집안 곳곳을 살피셨다. 아버님은 공구를 찾아들고 물새는 수도꼭지나 헐거워진 문고리 등을 수선하시고, 어머니는 딸의 손이 못 미치는 구석을 찾아 말갛게 청소하셨다.

"네가 꽤 바쁘기는 한 모양이다. 그 성미에 난닝구가 이렇게 누런

걸 보면….”

학원에 나갔다가 늦은 시간에 터덜터덜 귀가하는 딸내미가 못내 안쓰러우신 것이다. 결벽증에 가까운 어머니 잣대로는 기가 막힐 노릇이었으나 게으름을 나무라시기보다 끼니를 못 때우는 바쁜 딸을 크게 염려하셨다.

같은 서울 시내에 있는 자식들 집에서는 단 하루를 못 계시면서 창원에서는 오래 묵으신다고 형제들의 투정 섞인 시샘을 종종 듣곤 한다. 그러나 드러내시지 않는 부모님의 특별한 배려를 나만은 헤아릴 수 있다.

다른 자식들과는 달리 신혼부부가 누울 변변한 방 한 칸 마련하지 못하고 엉거주춤 시작한 살림이었다. 게다가 유달리 눈물 많고 여린 딸의 타관살이가 그분들의 가슴을 저미게 하였을 것이다. 세상 물정에 캄캄한 외곬 사위와 그에 못지않은 팍팍한 성미의 딸이 못내 걱정스러우셨으리라. 어머니는 사랑을 좇아 대책 없이 훌쩍 날아가 버린 철부지 딸이 걸려 3, 4년을 좋은 음식, 좋은 구경 한 번 마음 놓고 못하셨다고 한다.

열 평짜리 아파트에서 둘째를 낳았을 때, 어머니가 산바라지 하시느라 한 달 가량 머무른 적이 있다. 창원에 내려온 지 한 5년째쯤 되었던 것 같다. 어머니는 낯선 거리를 헤맨 끝에 솜틀집을 찾아내, 햇솜을 구해다가 갓난쟁이 이불을 꾸미셨다. 솟구치는 한숨도 풀솜에 꼭꼭 눌러 가슴을 다독이며 꿰매시는 눈치였다.

열이고 스물이고 아들 낳을 때까지 아이를 낳아야 한다던 사위의 바람대로 외손자를 얻었을 때는 갖은 시름이 사라진 듯, 환한 웃음을 웃으셨다. 그런데 남편은 그때에 장모로부터 오래도록 잊지 못할 꾸지람을 들었다. 출장에서 돌아오자마자 아들 안부를 먼저 물은 것이다.

“자네는 에미는 뒷전이고 아들만 중한가?”

평생을 사위편만 드는 장모인데도 그때만큼은 따끔하게 사위를 나무라셨다.

숭굴숭굴한 생김새대로 하루가 다르게 자라나는 외손자를 뒤로하고 어머니는 떨어지지 않는 발걸음을 떼셨다. 찬바람이 해롭다고 만류하셔 현관에서 아쉬운 배웅을 했다. 눈물 때문에 가시는 어머니의 모습을 제대로 볼 수 없었다. 곤히 잠든 아이 곁에 맥없이 주저앉아 홀로 버려진 아이처럼 숨 죽여 울었던 기억이 난다.

내게 있어 아버지는 영혼을 교감하는 스승 같은 존재이다. 첨단의 공학도와 오래 살아서일까, 나의 감성은 굳어져 어느새 화석이 돼 가는 것만 같았는데 아버님을 뵙고 이런저런 얘기를 나누다 보면 마른 가슴이 촉촉해지곤 하였다.

소녀 적에 아버지의 팔을 끼고 영화관으로 미술전시회장으로 쏘다녔었다. 지금 이나마 글을 쓰게 된 정서의 바탕도 그 시절 덕분이 아닐까 싶을 만큼. 아버님은 여든 가까운 연세임에도 불구하고 예술적 감각이 참신해서 그림이나 소설, 영화를 감상할 때 어설픈 나를 종종 놀라게 만드신다.

엄한 조부님이셨기에 살가운 사랑을 받아보지 못한 어린 시절이 한이 되어서 당신은 자애로운 아버지가 되기로 결심하셨다고 한다. 이렇듯 무조건적인 사랑을 주시는 부모님과의 이별이 무의식중에도 덮쳐오는 모양이다. 때때로 두 분의 시신을 끌어안고 흐느끼는 꿈을 꿀 때가 있다. 50이 넘도록 부모님과의 인연이 끊어질세라 철없이 버둥대는 걸 보면 아직 홀로 서기는 어림없는 일인가 보다.

아무리 내리사랑이라지만 이제야 철이 드는 것인가, 문득 문득 휘몰아치는 불길한 예감 때문에 친정 전화 버튼을 누르곤 한다.

셜리 발렌타인

낮은 조명이 들어오면 무대 전면에 한 여자가 드러난다. 불빛은 아늑하고 식탁 주변의 집기들은 잘 정돈되어 제각기 윤을 내고 있다. 그러나 여자의 표정은 권태롭기 한량없다. 냉장고로 가스렌지 앞으로 여자는 쉴새없이 몸을 동동거리며 돌아다니고 있다. 그 허둥대는 동작으로 여자의 심리 상태가 매우 불안정 하다는 것을 알 수 있다. 무대 분위기에 휘말려 관객들은 홀린 듯이 그녀와 같은 동선을 밟아간다. 주부가 이렇게 집안에서 뱅뱅 도는 거리가 하루에 30리가 된다던가.

주인공 셜리는 바쁜 손놀림을 하면서도 잠시도 입을 쉬지 않는다. 반응 없는 상대를 향해 끊임없이 무엇인가를 쏟아내려 하고 있다. 그런 셜리를 보며 뭉크의 절규하는 입을 떠올렸다.

셜리의 두 아이들은 독립해서 모두 제 갈 길로 가버리고, 20년 결혼생활의 타성에 남편의 사랑은 빛이 바랬다. 이제는 그저 습관적인 관계만을 유지하고 있을 뿐이다. 젊고 건강할 때 아이와 남편을 위해 혼신의 힘을 쏟은 셜리는 이제 초라한 허물로 남은 자신의 처지를 한탄하고 있다. 가만히 놔두어도 휘몰아치는 상실감에 육신을 지탱하기 어려운데 자식들은 무시하고 남편은 공박한다.

배우 손숙은 실험극장(김동훈)으로부터 출연 요청을 받았을 때 완강히 거절했다고 한다. 물론 방송사 일과 다른 연극 공연 등으로 시간을 뺄 수 없는 것이 표면적인 거절 이유가 될 수 있었다. 「셜리 발렌타인」은 1인 극이다. 대사가 없는 팬터마임일지라도 1인극은 매우 힘든 작업이라고 한다. 막이 오르고부터 줄곧 배우 혼자서 수많은 관객들과 싸워야 한다. 아니 상대는 관객이 아니라 오히려 자신과의 사투를 벌인다는 표현이 더 적확할 수도 있겠다. 해서 손숙은 경력 30년의 노련한 배우일지라도 망설였던 것이 아니었을까. 무대 위에 홀로 남겨져 본 사람은 뼈 속 깊이 사무치는 그 엄청난 외로움을 안다.

그녀가 주저한 또 다른 이유는 주인공 셜리 발렌타인이 창조적 인물이 아니라 중년 여성 모두에게 해당되는, 바로 자신들의 자화상이기 때문이었다. 결국 출연 승낙을 한 것도 셜리의 상처가 손숙 자신과 무관하지 않았기 때문이었다.

1시간 40여분 동안 손숙은 셜리의 삶을 재현시키는데 투혼을 불태웠다. 말괄량이 소녀 시절 회상 장면에선 신기하게도 16세 소녀의 얼굴이 되어 까르륵거렸고, 고뇌의 늪에 빠져 허우적거릴 때는 객석 여기저기서 훌쩍거릴 정도로 처절하게 몸부림쳤다.

작가 윌리 러셀은 셜리 발렌타인을 통해 무의미한 삶에 도전하는 한 인간을 완벽하게 표출해냈다. 작품 속에 잡다하게 제시되는 천박함, 공허, 절망감 등으로 인간의 선을 부각시키는 작업을 추구했다. 셜리는 단지 일상적 삶의 권태에서 벗어나고자 하는 소극적 여성이 아니다. 한 인간으로서의 깨달음과 자아실현을 생생하게 유출해내는 엄연한 인격체인 것이다.

셜리는 학창 시절에 선생으로부터 심한 모멸을 당했는데, 그때 불량아가 되기로 결심했다고 고백한다. 꿈과 이상으로 대변될 학창 시절이 부당한 차별로 인해 얼룩진 학교풍속도를 풍자하고 또한 문제제기도 하고 있다.

셜리는 남편이 좋아하는 스테이크 대신 감자튀김을 하고 있다. 고기를 사오다 채식주의자 집에서 사육하는 사냥개한테 던져주었기 때문이었다. 사냥개가 용맹한 것은 육질을 먹기 때문이라고 생각하는 셜리는 주인에게 본능을 저지당한 가여운 사냥개를 향해 장바구니의 고기를 던져주며 흡족한 듯이 씽긋 웃었다. 이처럼 셜리의 도전은 필사적이거나 냉소적이지 않고 지극히 인간적인 애정과 관용을 통해서 실현되어간다.

오래 망설이던 셜리는 남편에게 알리지 않고 일상으로부터 탈출을 시도한다. 그리스 여행으로 잃었던 자아를 찾는 계기를 마련한다. 해변의 주점 주인을 통해 꿈의 실현이란 그렇게 어려운 것이 아니라 바로 자신감을 찾는 일이라는 것도 깨닫는다.

노을이 지는 해변에서 철썩거리는 파도의 강한 생명력을 가슴 깊이 받아들이며 그녀는 서서히 자신감을 회복해 가고 십년은 젊어진 모습으로 남편을 맞는다.

"안녕하셔요, 나는 한때 어머니였어요. 그리고 당신의 아내였어요. 하지만 지금은 다시 셜리 발렌타인이 됐답니다. 함께 한 잔 하시겠어요?"

결국 셜리의 도전은 무기력한 자아에 대한 도전이며 부조리한 삶에서 존재의 의미를 찾으려는 강렬한 몸부림이었던 것이다. 그녀는 자신의 힘으로 아름다움과 존엄성을 되찾은, 바로 우리들의 자화상인 것이다.

음악회와 휴대폰

5월 어느 날, 성산아트홀 개관기념 음악회에 갔다.

숲에서는 아카시아향이 어지럽게 몰려오고 어스름이 내린 광장에는 분수대의 물줄기가 하얗게 부서졌다. 연인들의 속삭임이 등꽃향기로 무르익어 전신으로 짜릿하게 번져갔다.

정원의 분위기와는 판이하게 홀 안은 어수선하기 짝이 없다. 청소년 단체관람인 듯 여학생들이 삼삼오오 짝을 지어 끊임없이 조잘거렸다. 70여 명의 합창단원이 질서정연하게 무대에 오르고 반주자가 피아노 앞에 앉아 숨을 고를 때까지도 학생들의 소란은 그치지 않았다. 장내가 조용해지기만을 침묵으로 기다리던 지휘자가 기어이 돌아서서 눈치를 주고서야 겨우 연주를 시작할 수 있었다.

아뿔싸! 소프라노가 천상의 소리만 같은 고운 음을 낼 때, 기관총을 난사하듯 폰의 횡포가 시작되었다. 약속이 있는 사람은 아예 음악회에 오지 말 것이지, 연주 중간에 뛰쳐나가 전화 받을 만큼 급박한 상황이

도대체 무엇이란 말인가? 난장판을 지켜보려니 등줄기에 땀이 배고 울화가 치밀어 견딜 수가 없었다. 무턱대고 폰을 사준 것도 예의범절을 제대로 가르치지 못한 것도 모두 어른들의 책임인 것만 같아 쥐구멍에라도 숨고 싶었다.

인터넷과 PCS 사용 인구가 단시일 내에 폭발적으로 늘어난 곳은 전 세계에서 우리나라 한 곳 뿐이라고 한다. 서울 강남의 한 중학교 교실에서는 50명 중 34명의 학생이 휴대폰을 소지했다고 한다. 이 상태로 방관하면 정상적인 수업이 될 수 없을 것 같다. 불을 보듯 변한 이치가 아니겠는가.

네 식구의 통신비로 수입의 4분의 1이 넘는 40만 원 가량 지출한 가정이 있었다. 망국병이 어디 따로 있겠는가. 운전 중의 폰 사용 금지안과 함께 등교 시에도 소지할 수 없는 교칙이 따로 마련되어야 할 것이다.

도무지 그 사고뭉치가 내 생전에는 필요할 것 같지 않은 나는 시대를 역행하는 기인인가. 소복하게 눈이 쌓이는 밤, 고향에 내려간 친구에게 밤새워 편지를 쓰던 추억이 눈물겹도록 그리울 뿐이다.

(2001년)

당고모

강원도 무형문화재 1호로 지정되어 있는 정선아리랑을 몇 안 되는 기능 보유자인 김병하(56세)씨 부녀가 구성지게도 불러댄다.

> 눈이 올라나 비가 올라나 억수장마 질라나
> 만수산 검은 구름이 막 모여 든다
> 명사십리가 아니라면 해당화는 왜 피며
> 춘삼월이 아니라면 두견새는 왜 우나

이 고장에 와서 애간장을 다 녹일 듯한 정선아리랑을 듣노라니 그 끊일 듯 말 듯 이어지는 가락 속에 당고모의 피폐한 얼굴이 출렁인다.

할아버지의 형제는 사남매였는데 당고모는 가운데 할아버지의 맏딸이었다.

종손인 나의 조부는 일찍이 개명(開明)하시어 서당을 열고 농촌의 나이 먹은 총각들을 가르치셨고 막내할아버지도 사범학교를 졸업하고 초등학교 교장에 오른 분이셨으나 웬일인지 당고모의 선친은 자식들 교육은 뒷전으로 미루고 전답 늘리는 데에만 몰두하셨다고 한다.

부지깽이도 아쉽다는 농번기에 20리 길 학교를 파하고 온 조막만한 철부지들도 김매기에 동원될 때, 당고모는 깊숙한 내당에 들어앉아 수틀을 잡고 원앙을 놓거나 얼음같이 차갑게 갈무리 된 오미자차를 마시면서 춘향전, 옥단춘전을 탐독하였다 한다.

이렇듯 울타리 안에서 손끝에 물 한 방울 안 묻히고 곱게 자란 당고모는 육이오가 발발하기 이태 전에 도시에서 부임한 하이칼라 영림서(산림청) 청년과 결혼식을 올렸다. 과년한 처녀들은 물론이고 사촌들의 부러움을 한 몸에 받고 성대하게 치러진 혼례였다고 한다.

온 고을의 빛이 되어 새신랑 따라 서울로 살림났던 당고모는 육이오가 터지자 홀로 보따리를 챙겨 초췌한 모습으로 귀향하였다. 좌익이었던 남편은 남하한 북한군을 좇아 새색시 곁에서 바람처럼 비정하게 사라졌다고 한다.

간혹 당고모가 한숨 서린 넋두리를 늘어놓을 때는 빠지지 않는 대목이 있다.

"이놈의 인간이 이대도록 나타나지 않을 줄이야, 진작 알았더라면 그렇게 쉽게 보내지 말았어야 했는데, 이년의 팔자 기구하기도 하지…."

내가 당고모와 처음 상면한 것은 초등학교 졸업을 앞둔 겨울방학이었다.

노하시면 장비 같은 눈썹이 부르르 떨리는 조부님이 큰사랑에서 곰방대를 탕 탕 터실 때, 당고모는 큰아버님께 문안조차 올리지 못하고 새파랗게 질려 부엌 근처에서 서성거렸다. 무척이나 효자이신 아버지는 할아버지가 진노하실까봐 근 20년 만에 나타난 사촌동생에게 살가운 눈길조차 제대로 줄 수 없었다.

"일부종사 못하는 여식은 이미 한씨네 집안 딸 자격이 없으니 당장 내쫓거라!" 하고 호통을 치셨다. 유교사상에 푹 젖어서 이를 엄격하게 실천하고 계시는 할아버지로서는 마땅한 처사였다.

밤이 이슥해서야 눈물 콧물이 범벅이 되다시피 한 할머니와 엄마의 간청으로 당고모는 간신히 하룻밤을 묵고가게 되었다. 날이 훤히 밝아올 무렵까지 눈물로 살아온 세월을 엮어내는 당고모의 신세가 너무도 처량하고 가슴 아파서 한숨도 못자고 같이 몸을 뒤척였다.

여자 팔자 뒤웅박 팔자라더니 이처럼 한 남자에 의해서 끈 떨어진 연 신세가 되는 건가. 여자라도 남자와 차별을 두지 말고 스스로 설 수 있는 힘을 길렀더라면 이 지경은 되지 않았을 텐데. 자식들이 세상 풍파를 헤쳐 나갈 수 있게 이끌어주신 조부님의 교육열과 인생을 관조하시는 혜안에 참으로 탄복을 하지 않을 수 없는 밤이었다.

고향을 등지고 낯선 서울의 지붕 밑에서 하룻밤 피붙이와 온기를 나눈 당고모는 큰댁과의 희미한 유대나마 끊이지 않으려고 필사적으로 발버둥쳤다. 그리고 그 연결 고리로 나를 택했다.

이튿날, 유일한 재산목록이었던 스케이트를 걸머메고 동두천으로 향하는 어린 심정은 새로운 세계에 대한 경이감으로 한껏 들떴다. 무엇보다도 이상야릇한 호기심으로 심장이 터질 것 같았던 건 순전히 미군부대가 주둔하고 있는 오산, 동두천, 이태원 등의 지명에 대한 선입견 때문이었다.

의정부를 지나고 동두천이 가까워오자 과연 상상했던 대로 얼굴이 시커먼 미군과 머리에 노랑물을 들인 양색시들이 서로 끌어안고 킬킬대며 거리를 돌아다녔다. 간판은 죄다 아담, 이브, 파라다이스, 라스베가스 등의 이국적 네온사인으로 번뜩였다.

호기심을 잔뜩 키우고 들어선 판자문 안에서는 짐작과는 판이하게 머리가 희끗한 노인이 불편한 거동으로 안으로 들어오라는 시늉을 하였다. 그때 선량한 촌부의 얼굴을 대면하고 꽤나 실망했던 기억이 난다.

당고모는 첫 남편이 행방불명된 후 객지를 떠돌다 미군부대에서 잡역부로 일하는 그분을 만났다고 한다. 첫 남편에게서 난 딸은 결혼할 만큼 장성해서 듬직한 애인이 있고 하룻밤 인연으로 얻은 성씨 모를 아들과 충청도 영감 사이에서 난 코흘리개 귀동이가 있었다.

당고모가 그 겨울 이후 우리 집에 출현한 건 한 3년쯤 지난 후였다. 몇 년 전보다 더 흐트러진 모양새로 나타나서는 영감이 죽었으니 거둬 장례를 부탁한다고 했다. 대문간에 발도 들여놓지 못하도록 호통을 치시던 할아버지도 그때만큼은 당고모의 불행을 덥석 끌어 안아주셨다. 그리고 노환의 몸을 이끌고 땅을 물색해 당고모의 세 번째이자 마지막 남편을 장례 치러 주었다.

조부님은 고향에서 꽤 알려진 지관(地官)이었으나 조카딸만큼은 정에 치우쳐 판단력이 흐려졌던가 아직까지 당고모의 팔자가 피지 않는 걸 보면 참으로 이상한 일이다. 거듭 불어 닥친 당고모의 불행을 보며 야릇하게 운명이 질긴 것에 몸서리친다. 결혼을 한 맏딸이 아이를 낳다 숨을 거두었다. 며칠 만에 핏덩이도 어미 뒤를 따라가고 당고모는 눈물조차 메말라 울음도 나오지 않았다고 한다.

그 딸이 살았으면 벌써 오십 줄을 넘긴 나이이다. 그래도 첫정은 진한 것인지 당고모는 그 아이가 살았더라면 내 신세가 이토록 서글프지는 않았을 거라는 것을 돌이킬 수 없는 만큼 되풀이 한다. 건장한 신체로 사는 아들 둘이 제대로 어머니를 모시지 못하고 고부간의 불화가 심해 셋방에 따로 나앉은 당신의 신세가 새록새록 고달파서 한숨소리조차 삭아들고 있는 것 같다.

아우라지 뱃사공아 배 좀 건너 주게
싸리골 올동백이 다 떨어진다
떨어진 동백은 낙엽에나 쌓이지
사시장철 님 그리워서 나는 못살겠네
아리랑 아리랑 아라리오
아리랑 고개고개로 나를 넘겨주게

누가 나의 처지를 알리오에서 유래된 아라리는 정선아리랑의 또 다른 이름이다. 남한강의 상류는 정선의 아우라지 나루터로부터 시작된다. 당고모의 아우라지 뱃사공은 바로 그 멋쟁이 새신랑인지도 모르겠다. 해서 50년이 훨씬 넘은 지금껏 아우라지 나루터에서 님 그리워 눈물짓고 있는지도. 납작한 몸피로 웅크리고 앉아 담배 연기만 내뿜는 당고모를 대할 때마다 슬픔의 덩어리가 목울대를 넘어온다.

하늘로 치솟을 듯이 험악한 삼밭재, 성마령, 큰너그령, 작은너그령 고갯마루마다 숱한 애환과 설움이 담겼을 정선지방을 차로 싱싱 달리고 있다. 당고모의 골 깊은 한도 잘 포장된 길만큼이나 시원스레 풀어 헤쳐지기를 갈구해 본다.

불꽃 삭이기

『경남문학』 여름호가 부쳐져왔다. 봉투를 뜯자 청록색 표지가 빛을 뿜어댄다. 그러자 잠재웠던 푸른 욕망의 덩어리가 가슴 깊은 곳으로부터 출렁대기 시작했다.

이, 삼십대의 삶은 계절로 치자면 녹음이 짙푸른 여름에 해당한다. 육체는 물론이고 정신적 욕구가 왕성하여 두루 섭렵하고 소화도 또한 잘 시킨다. '무쇠도 녹일 나이'라는 말은 바로 이 세대를 지칭한 말이 아니던가. 미지의 세계로 두려움 없이 발을 내딛고 자신의 뜻을 당당하게 펼친다. 젊은이들은 오로지 앞을 향해 돌진할 뿐, 우물쭈물 망설이며 옆을 살피는 기색은 전혀 없다. 걸어온 길을 돌아보거나 자신의 내면을 살필 여유는 없다. 아니 짬을 낼 시간이 있을지라도 그런 일에 쓰는 시간을 낭비로만 일축해버리지 않았던가.

나의 글쓰기는 어떠했을까. 나의 문학에서 진정한 여름이란 존재하기나 하였던가.

문학은 나의 희망이자 절망이기도 하다. 글에 몰두해 있을 때, 가장 자유로웠고 순일한 열정을 쏟아부을 수 있었다. 글은 간혹 내 존재에 무게를 실어주기도 하나, 나를 절망의 나락으로 밀어 넣을 때가 더 많았다. 글은 끊임없이 나를 담금질 하고 있다. 해서 문학은 내 영원한 첫사랑이자 끝까지 남아 내 손을 잡아줄 평생의 동반자인 것이다.

문학은 첫사랑의 떨림으로 내 영혼에 스며들었다. 끝이 보이지 않는 캄캄한 동굴 속에서도 희미한 빛줄기로 나를 이끌었다. 글을 통해 예지를 싹 틔웠고 원 없이 지식의 바다에 빠져도 보았다.

고도의 정련을 필요로 하는 '수필'이라는 단아한 장르는 끊임없이 나를 절망하게 만든다. 솟구치는 열망을 삭히고 삭히는 과정은 여름의 이글거리는 용광로를 필요로 하지 않는다. 오히려 활활 타오르는 불꽃을 끊임없이 다독이며 감내하는 고뇌의 과정이라고나 해야 할지….

혹시 내가 길을 잘못 들어선 것이나 아닐까, 지금도 방황할 때가 있다. 직선적이고 열정적 성격이기에 금방 해결해버리지 않으면 다음번은 없다고 생각하던 시절이 있었다. 수필을 쓰면서 내 안의 불길을 잠재워 재로 다독이는 법을 배우고 있다.

수필의 문장은 가능한 나직하게, 조촐하게, 안온하게, 정갈하게 다듬으려고 한다. 이렇게 마음을 한껏 낮춰 글을 쓰다보면 속의 거친 결이 곱게 빗질되곤 한다.

한여름의 열정보다도 가을볕과 같이 은혜로운 눈길로 사물을 관조하는 것이 수필의 정공법이런가. 박속 같은 수필을 써내기가 얼마나 어려운 일인가를 요즘 나는 뼈저리게 느끼고 있다. 잘 삭힌 식혜 같은 수필. 나의 보잘것없는 역량으로는 어림없는 일처럼 아득하게 느껴진

다. 삭힌 결대로 아름다운 심성을 한 올 한 올 풀어내고 싶다

그런데 오늘, 이렇게 예기하지 않았던 일이 벌어질 줄이야. 내 안에 가뒀던 날것(生)들이 깃을 치고 날아오를 줄이야. 갈고, 쪼고, 다듬은 수필도 좋지만 어쩌다 한 번쯤은 거침없이 내지르는 글을 써보고 싶다.

저만치서 시원을 향해 달려가는 알몸의 내가 보인다. 출렁이는 초록의 관능* 속에 내 몸도 섞여들고 있다.

* 이규리 시 「괘능에 마음을 걸다」

5

그리운 단오절

- 버지니아와 만리장성
- 눈보라
- 그리운 단오절
- 가슴으로 부르는 노래
- 봄앓이
- 꿈과 환상, 달리(Dali)전
- 회귀본능
- 사랑 빚기
- 화왕산, 불의 제전
- 섬
- 청소 잘하는 아이

버지니아와 만리장성

버지니아를 만난 것은 북경에서였다. 김해공항에서도 잠깐 스치기는 했으나 그녀의 얼굴을 찬찬히 보고 기억하게 된 곳은 북경의 호텔로비였다.

가만히 앉아 있어도 등에서 땀이 줄줄 흐르는 7월, 그 무더위에 남편이 비행기 표 두 장을 들고 귀가했다. 직장 휴가에 맞춰 북경을 다녀오자는 일방적인 계획에 따른 것이다.

아들아이가 학원으로 독서실로 밤늦게까지 비지땀을 흘리며 공부에 열중하고 있는 것을 번연히 보면서도 우리끼리 속편하게 휴가를 다녀오자는 것이 아닌가. 어이가 없었다. 이미 여행경비가 거의 지불된 상태였고 친정어머니가 아이들 뒷바라지를 다 해준다고 등을 떠미는 바람에 썩 내키지는 않았으나 할 수 없이 여행길에 올랐다.

내 자유의사로 결정한 일이 아니었기에 출발부터 조짐이 좋지 않았다. 살인적 더위 때문인지 신경이 곤두서서 바늘 끝이 스치기만 해도 터질 듯한 불쾌감이 몰려왔다.

한반도를 벗어난 지 얼마 되지 않아 메마른 황토벌이 시야 가득 펼쳐졌다. 땅 위의 생명체를 죄다 말려버릴 기세로 햇볕이 내리쬐고 있었다. 비행기에서 내려다보니 활활 이는 불꽃이 거대한 대륙의 습기를 모두 집어삼킬 것만 같았다. 목을 축일 물줄기는커녕 풀 한포기 없는 메마른 대지에서 뿌옇게 일어나는 황토바람이 목을 죄어왔다.

그즈음 우리 내외는 풀어야 할 근본적인 문제를 못 본 척 덮어두고 차일피일 미루고 있는 참이었다. 핀을 뽑는 순간 평화로운 시간들이 한꺼번에 사라질세라 살얼음판을 디디며 딴청을 부리고 있었다. 어쩌면 죽을 때까지 만날 수 없는 평행선 위에서 무모한 줄다리기를 하고 있는지도 모를 일이다.

우리 부부는 나이가 불과 한살 차이인데도 성장은 물론 교육적 환경도 판이 했다. 내가 합숙 과외를 받는 동안 남편은 방과 후에 숙제할 틈도 없이 야산으로 소 먹이러 가야 했다. 중학교에 입학하여서도 내가 군것질할 용돈이 부족하다고 투정을 부릴 때, 남편은 등록금을 내지 못하여 시험도 못 보고 복도에 꿇어앉아 벌을 섰다고 한다. 내가 아버지를 따라 영화, 전람회를 관람할 때, 남편은 하숙비 대신 쌀자루를 져 날라야했고 설상가상 부친도 일찍 여의었다.

인간은 환경의 동물이라고 하지 않았던가! 자라온 환경이 이렇게 판이하게 다르니 자식을 가르치는 교육관도 저절로 다를 수밖에 없었다. 어려운 환경을 오로지 자신의 성실성 하나로 헤쳐 나온 남편은 노력만 하면 세상에 이루지 못 할 일이라곤 존재하지 않는다고 굳게 믿는 사람이다.

남편의 강직한 성격을 그대로 이어받은 딸아이는 사춘기를 넘기며 아빠와의 갈등으로 힘겨워 했다. 아이는 뚜렷하게 예술과목에 재능을 보이는데 남편은 전 과목을 고루 잘해야 한다는 주장이다. 그래서 딸아이는 성적표가 나올 때마다 평균점수를 밑도는 수학, 과학 때문에 아빠로부터 호된 꾸지람을 듣곤 하였다. 왕년에 수학 때문에 줄곧 골탕을 먹었기에 딸의 고충을 이해하고 편이라도 들라치면 남편은 잘못 가르친다고 역정을 내기도 했다.

그래도 좋고 싫은 것을 분명히 하는 딸아이라 언제나 자신의 주장을 강하게 펼치니 어른들은 그 속을 들여다 볼 수 있게 된다. 그러나 예기치 못한 문제는 아들의 입시를 겪으면서 불거져 나왔다. 평소 아들아이는 성실한 모범생이었는데 어느 날 갑자기, 쌓였던 불만을 일시에 토해냈다. 순종만 하던 아들아이의 의외의 태도에 남편은 몹시 당황하고 있었다. 이러한 형편에서의 이번 휴가는 아이들의 숨통을 터주기 위한 남편의 의도였는지도 모른다.

북경에 도착하여, 나이가 많다는 이유 하나만으로 남편이 외국인 2명을 포함한 일행의 대표로 뽑히게 되었다.

만리장성을 답사하게 되었는데 가이드가 2가지 방법을 제시했다. 한 가지는 케이블카를 타고 올라가면서 높은 곳에서 풍경을 조망하는 것이고, 다른 하나는 발품을 팔아서 한 계단 한 계단 올라가며 차근차근히 구경하는 것이었다. 문제는 케이블카를 타게 되면 오십 불 가량의 가욋돈을 더 내야 하는 것이었다. 이글이글 타는 햇덩이를 머리에 이고 수십만 계단을 오르는 코스이고 보니 중국 현지인을 제외한 관광객 거의가 케이블카를 이용한다는 설명이다.

그때, 버지니아가 제동을 걸어왔다. 계약 위반 운운하면서 처음 지출한 경비 이외에는 단 일불도 낼 수 없다며 불쾌한 표정을 역력히

드러냈다. 억지춘향으로 대표가 된 남편은 프랑스인인 버지니아에게 영어로 설명하느라고 진땀을 흘렸다. 손짓 발짓을 동원한 남편의 설득은 헛수고일 뿐, 버지니아는 야속하다 싶게 자신의 주장을 누그러뜨리지 않았다. 오히려 자신을 설득시키려는 남편이 부당하다는 표정까지 지었다.

순간, 나는 자존심이 몹시 상했다. 땀을 줄줄 흘리며 강파른 인상의 버지니아에게 전전긍긍하면서까지 참을성을 보이는 남편의 태도에 그만 화가 치솟았다. '미련하게 보일 만큼 도량 있는 사람이 식구들에게는 일방적으로 자신의 주장만을 관철시키려했단 말인가?' 하고 말이다. 버지니아가 뜻을 굽힐 기미를 보이지 않자, 남편은 한국여행사에 관광을 의뢰한 외국인이니 그녀의 뜻을 우리가 따르는 것이 좋지 않겠냐며 일행의 양해를 구했다.

뙤약볕을 받으며 만리장성을 오르자니 여러 생각들이 꼬리에 꼬리를 물었다. 계약을 목숨처럼 지키려는 신념에 찬 버지니아의 얼굴을 마주하지 못하고 슬그머니 부끄러워지는 것이었다. 우리 사회가 간과한 크고 작은 위약으로 말미암은 삼풍백화점, 성수대교, 씨랜드 유치원생들의 참화 등이 불현듯 스치고 지나갔기 때문이었다.

엄청난 규모의 만리장성을 높은 곳에서 일목요연하게 내려다보는 것도 좋겠지만, 수백만 명의 피와 땀이 밴 인고의 결정체를 내발로 딛고 손으로 직접 어루만져보는 것도 큰 감동을 몰고 왔다. 어쩌면, 우리들은 폭양 속에 올라야 할 만리장성의 무게에 짓눌려 미리 쉬운 쪽을 택하려 했는지도 모른다. 우리가 감내해야 할 인생의 여정도 이와 같아 사람마다 각각이리라.

핫팬츠 밑으로 팽팽하게 드러난 버지니아의 종아리 근육이 그녀의 강인함을 말해주고 있다. 내 아이들도 버지니아처럼 어떤 환경에 놓이더라도 당당하게 자신의 길을 가기를 기대해 본다.

어느새 그동안 겪었던 사소한 감정의 소용돌이가 가라앉으며, 초인적인 힘으로 빚어낸 만리장성 앞에서 자신도 모르게 경건한 자세가 되는 것이었다.

눈보라

너희들
어디서 태어나 내게로 와
눈부신 원무를 이루는가
관목 숲 비탈을
미끄러지듯 어루만지고
짓궂은 녀석은
쌓인 낙엽도 한 움큼 쥐어보며
새털 같은 몸짓으로 웃음 짓는가
차가운 벽을 피해
사철나무 끝에 핑그르르 앉으며
도란거리는 너희들
빨간 볼의 너희와 한바탕 어우러져
가장 깨끗한
단 한 번의 호흡을 하고 싶다.

참으로 기이한 것은 사람 마음 속 조화인 것 같다. 이태 전 초겨울이었는데 하늘은 습기를 흠뻑 머금고 누군가의 명령 한마디면 금방이라도 함박눈을 펑펑 쏟아 부을 기세였다. 여간 해서는 눈을 보기 힘든 곳이기에 만사 제쳐놓고 마루 밀장에 붙어 서서 목마르게 기다리기를 두세 시간 남짓. 나의 애타는 심사를 곯리기라도 하는 것일까, 하늘은 오히려 희석을 하는 듯 밝아지고 있었다.

마음을 못 잡게 내 발목을 붙잡은 것은 첫눈 말고도 다른 것이 하나 있었다. 대여섯 살 안팎의 어린 아이들이 한복을 곱게 차려입고 요즘에는 보기 드문 조바위까지 챙겨 쓰고, 베란다 아래서 아른거리고 있는 것이 아닌가. 솜털이 보송보송한 조무래기들이 병아리 떼처럼 쪼르르 몰려다니고 있었다. 간혹 저희들 끼리 아옹다옹 다투고 토라지는 모습이 강아지 새끼들 같이 귀엽기만 하다. 내 자식을 키울 때는 힘에 겨워서 아이들의 재롱이 귀여운 줄도 몰랐었다. 더더군다나 천진난만한 동심으로 깊숙이 빠져보지 못했던 것 같다. 이제 나는 꼬맹이들보다 한발 앞서 콩콩거리며 뜀박질을 하고 있었다.

얼마 후, 차가 와서 야속하게도 고것들을 모두 데리고 가버리고 찬바람만 도는 빈자리를 나는 망연히 쫓고 있었다. 눈을 내리게 하는 그분이 허전한 나의 마음을 알아챘는지 아이들을 앗아간 자리 위에 수천 수억의 눈아이들을 보내셨다. 눈아이들은 조갑지 같은 버선발로 나의 망막 가득 원무를 추며 날아올랐다. 그때, 내 유년의 저편에서 부리나케 달려온 호흡이 있다. 서두에 적은 글은 상처 입지 않은 온전한 나의 순수이다.

강당 위의 쪽빛 하늘이 유난히 높아지면 콧잔등이 자꾸 찡해지던 여고 1년, 도서관에 묻혀 밤이 이슥하도록 읽은 에밀리 브론테의 『폭풍의 언덕』은 나의 가슴속에서 오랜 시간 머물렀다. 요크셔 지방의 황량한 벌판에서 휘몰아치는 눈보라는 '히스크리프'가 애증을 빗고 자폭으로 생을 마감하는 불운을 암시하고 있지 않았을까.

대학 입시가 임박했을 때 알리 맥 그로우 주연의 '러브스토리'를 학교 근방 영화관에서 상영하였다. 볼 것인가 말 것인가를 한 사흘 꼬박 고민했었다. 영화나 소설의 감명 깊은 장면들은 한 번 머릿속에 들어와 박히면 오랫동안 의식을 지배해서 내 의지대로 행동할 수 없게 만들기 때문이었다. 중학교 졸업 시험을 일주일 앞두고 단체로 '닥터 지바고'를 보고 난 후에 역사, 세계사, 지리 등의 암기 과목을 모조리 실패한 기억이 되살아나서 더욱 망설였던 것 같다. 결국 대학입시 후로 영화 관람을 보류했다.

사랑하는 아내를 백혈병으로 잃고, 텅 빈 운동장 가득 밀려오는 눈보라를 맞으며 하염없이 서 있던 라이언오닐의 프로필은 허무의 집으로 남아, 열아홉 내 가슴을 찢기에 충분했다. 이러한 작품들로 인해 겨울은 가슴이 송두리째 무너지는 상실감과 바람의 속성이기도 한 허무라는 개념뿐이다. 때맞춰 방영된 대하드라마 '여명의 눈동자'의 마지막 장면도 나의 경도된 사고와 손을 맞잡은 셈이다.

지리산 깃대봉을 중심으로 벌어지는 36부작의 종지부는 과연 장엄하고도 지순했다. 불행했던 우리나라 근세사를 훑으며 살아온 세 주인공 장하림, 윤여옥, 최대치의 일생이 순백의 눈으로 덮인 지리산 자락에서 타오르는 장미꽃으로 마감하고 있었다. 정신대로 끌려갔던 여옥과는 운명적으로 피할 수 없었고, 이념이 다른 최대치와의 악연조차도 뿌리치지 않았던 장하림의 독백은 눈 덮인 지리산 자락에 오래도록 반향되었다. '남은 자의 묶은 희망'이라는….

그리운 단오절

생태계의 보고 창녕 우포늪에는 단오에 때맞춰 창포와 노랑어리연꽃이 만개해 장관을 이뤘다고 한다. 조선후기에 풍속화를 주로 그린 혜원 신윤복의 「단오 풍정」을 보면 단오절의 세시풍속이 잘 묘사되어 있다. 규방에만 갇혀 지내던 여인들은 오월의 훈풍에 마음이 달떠 골짜기의 빨래터에서 모처럼 자유로운 시간을 보내는 것이다. 빨래 방망이 소리가 '팡팡-' 경쾌하게 들려오고 한편에서는 탐스러운 트레머리를 내려놓고 창포물에 삼단 같은 머리채를 해말갛게 헹궈내고 있다. 윤기 자르르한 칠흑 같은 트레머리는 젊음과 정력을 암시하는 18, 9세기 조선 여인의 큰 치장이었다.

교정을 가로지르는 학생의 실타래 같은 노란 머리털을 보며 만약, 딸이 저렇게 물들이면 어떻게 하겠냐고 민속학의 대가 김 교수가 물어왔다. 생각할 겨를도 없이 대뜸 "내쫓아야지요!"라는 대답이 나왔다. 신세대를 이해한다고 자신만만하던 나도 별수없이 꽉 막힌 쉰세대인

걸 어쩌겠는가.

서구와 일본 젊은이들의 유행을 스폰지가 물을 빨아들이듯이 무비판적으로 흡수하는 요즘 아이들의 세태에 슬그머니 걱정이 앞선다. 외양의 모방뿐 아니라 대학 입학과 동시에 부모로부터 경제적으로 자립하는 패기와 책임감도 본받으면 좋겠다. 진리탐구를 위해 도서관에서 며칠씩 밤을 새우는 뚜렷한 목표의식, 무섭도록 철저한 일본인의 질서의식 등, 이면에 깔려있는 그들만의 독특한 장점들도 아울러 받아들이기를 간절히 바란다.

내 고향 강릉에는 남대천변에서 오월 단오제가 풍성하게 열리고 있다. 여인들은 그네를 뛰고 남정네들은 사물놀이에 신명을 다하는 그곳이 간절하게 그립다.

가슴으로 부르는 노래

음악회에 갔다가 가수의 사인을 받아왔다. 내가 좋아하는 양희은의 징표를 꼭 하나 간직하고 싶은 마음에 애들처럼 음악회가 끝나기 무섭게 무대 뒤로 찾아갔었다. 그녀는 호방한 성품대로 멋들어지게 사인을 해주었다. 지난번 콘서트에 입장을 못해 아쉬워하는 팬들에게 사과의 의미로 무료 재공연을 하였다.

여고 후배가 추운 날씨에도 불구하고 몇 시간씩 줄을 서서 입장권을 얻어 주어 돈 주고도 보기 힘든 귀한 공연을 볼 수 있었다. 음악회에 직접 가서 가수의 노래를 듣는 것은 처음이라 여고생처럼 들뜬 마음으로 긴 줄을 서서 차례를 기다렸다.

30여 년 전에 본 그녀의 앳된 모습은 세월 따라 많이 변화했으나 시원스런 소리는 여전하였고 유창한 말솜씨로 관중을 사로잡는 무대 매너 또한 그대로인 듯했다. 마산은 특별한 인연이 있는 곳이라고 말하는 그녀의 목소리가 벌써 촉촉하게 젖어오고 있었다. 결혼 전까지 오랜 기간 애착을 갖고 진행했던 라디오 음악프로를 귀국 후 다시 맡게 되었는데 그 프로를 진행하면서 한 여인의 가슴 아픈 사연을 접하게 되었다.

마산에 사는 희재엄마라고 신분을 밝힌 그 여인은 말기 암환자였다. 그녀에게는 다섯 살 난 아들이 있었다. 이 어린 아들을 놔두고 어떻게 눈을 감을 수 있겠는가. 희재엄마는 이 간절한 마음을 유언처럼 담담하게 써서 음악 프로그램 진행자에게 부쳤던 것이다. 아들을 위한 그녀의 절절한 마음을 전파에 실어 보냄으로써 서러운 한을 달래려 한 것인지 모른다. 청취자들의 다양한 삶의 애환을 전파를 통해 실어 나르는 배달부 양희은은 그녀가 세상을 떠나는 시간까지 줄곧 저린 가슴으로 그녀를 지켜봐 왔다. 그리고 자신의 가수생활 30년 기념앨범도 오로지 희재엄마에게 바치는 노래로만 엮었던 것이다.

객석 맨 앞줄에서 무대로 올라온 꼬맹이 희재는 아무것도 모른 채 조명을 받고 어리둥절해서 두리번거렸다.

> 엄마 잃고 다리도 잃은 어여쁜 작은 새야…
> 바람아 너는 알고 있니 비야 너는 알고 있니….

그녀의 애창곡 가사가 가슴을 쓰라리게 하여 관중들은 눈물을 글썽이고 있었다. 그녀는 결코 앵무새처럼 기교로 가창력을 과시하지 않았다. 가슴 밑바닥으로부터 끌어올린 혼신의 힘으로 노래를 불렀다.

「아침 이슬」은 「금관의 예수」와 함께 70년대 유신체제에 항거하던 젊은이들의 답답한 가슴속을 후련하게 해 주던 노래였다. 우리는 군부독재에 맞서서 「아침 이슬」을 부르며 분연히 일어섰었다. 시위하는 대학생들이 데모송으로 불러대자 금지곡이 되기도 했었다.

> 한낮의 찌는 더위는 나의 시련일지라

나 이제 가노라 저 거친 광야에
서러움 모두 버리고 나 이제 가노라.

언제 불러 봐도 힘이 넘치는 노래였다. 괴로운 상황을 떨치고 일어나 꿋꿋한 의지로 땅을 딛고 일어서게 된다.

한 번은 공연 때 이런 일이 있었다고 한다. 가수 데뷔 초창기에 불렀던 곡들을 연달아 부르자 비슷한 연배의 방청객들은 세월을 거슬러 청소년 시절로 되돌아간 듯 모두들 마냥 즐거워했다. 그런데 유독 뒷줄에 나란히 앉은 한 쌍의 부부만은 눈물을 흘리고 있었다. 마이크를 들고 계단을 올라 그 부부에게 "왜 제 노래가 즐겁지 않으세요?" 하고 묻자 아니라고 고개를 흔들면서 자신들의 처지를 들려주었다고 한다.

그 부부는 조그마한 사업체를 운영하고 있었는데 IMF 때 부도를 맞아서 감당할 수 없을 만큼 많은 빚을 졌다고 한다. 오래도록 빚에 시달리다 지쳐 극단적인 결론을 내렸다고 한다. 수중에 남은 돈으로 음악회 표를 사서 노래를 듣다가 음악회가 끝나면 약을 먹고 동반자살을 하려고 했다는 것이다.

그런데 막상 양희은의 노래를 듣다보니, 이렇게 살아서 음악을 들을 수 있다는 것만으로도 얼마나 큰 축복인가 하는 생각이 들었다고 한다. 그래서 자신들의 어리석음을 뉘우치며 열심히 살기로 마음을 고쳐먹고 나니 하염없이 눈물이 흘렀다고 한다.

나는 그녀의 노래가 죽을 목숨도 되돌려 놓을 정도로 사람의 마음을 사로잡는 이유를 어렴풋이나마 알 것도 같다.

그녀는 나의 여고 2년 선배다. 가정 형편상 어릴 때부터 가계를 이끌어 가야 했다. 양희은 선배는 노래도 물론 잘했지만 문예반을 이끌었고 영어회화를 썩 잘 했다. 서강대학 주최 영어 말하기 대회에서도 최우수를 수상한 재주꾼이다. 내가 중학교 2학년 때는 양희은 선배의

지도로 교내 합창 경연대회에서 우리 반이 당당히 2등을 했었다. 그 답례로 그녀에게 레이스가 달린 속치마를 선물했을 때 하얀 이를 드러내고 호탕하게 웃던 모습이 어제인 듯 느껴진다. 가정의 아픈 상처를 딛고 꿋꿋하게 가장 노릇을 잘하던 양희은 선배에게 또 한 번의 좌절이 왔다. 대학 졸업 무렵 단짝이었던 친구가 병이 나서 같이 병원에 갔다가 외려 자신의 병이 발견되었다. 그로 인해 오랜 기간 치료를 받았고 수술도 여러 번 하는 등 어려움을 겪었다.

그녀의 노래 「한계령」을 들어보면 그녀가 얼마나 세상사에 초연한지를 실감하게 된다.

저 산은 내게 내려가라 내려가라 하네
지친 내 어깨를 떠미네
아- 그러나 한줄기 바람처럼 살다 가고파
이 산 저 산 구름 몰고 다니는
떠도는 바람처럼….

아직도 신인 못지않게 왕성한 활동을 하는 것을 보면 그녀가 시류에 영합하지 않고 일신상의 영리에만 매달리지 않았음을 알게 된다. 마음을 비우고 자신의 몸과 마음을 흐르는 세월에 맡긴 채 묵묵하게 살아온 인과가 아닐까 하는 생각이 든다.

누구나 살아가노라면 평탄한 길만을 걸을 수는 없다. 주어진 시간과 여건에서 얼마만큼 치열하게 살아내느냐가 한 인생의 성공 여부를 말해주는 것이 아닐까.

요즈음 그녀가 부른 '사랑, 그 쓸쓸함에 대하여'라는 노랫말이 자꾸만 귀에 맴돈다.

'누구나 한 번쯤은 사랑을 하지….'

봄앓이

봄의 길목에선 하늘조차도 부풀어 오른다. 닿지 못 할 곳으로 고고하게 멀어져 갔던 것이 서슬 퍼렇던 가슴을 열어 이제 세상을 싸안으려 한다. 온화한 눈빛으로 오라고 손짓한다.

골짜기에는 아직 희끗희끗 잔설이 남아 있으나 '겨울이 오면 봄도 멀지 않으리…'라고 하던 쉘리의 말을 실감할 수 있다.

입춘 무렵엔, 새 생명의 박동이 내게로 전해져와, 몸이 조금씩 허물어진다. 한라산록을 헤쳐 왔을 법한 미풍이 살갗을 간질이고, 멈춰 섰던 나무도 수액을 끌어올려 봉곳이 싹눈을 부풀리고 있다.

도시의 봄은, 젖이 불은 새댁으로부터 온다. 밀장을 열고 뽀얀 기저귀를 털어 너는 그녀의 가뿐한 숨결이 콘크리트 벽을 가로질러 내게로도 전달된다. 볕이 좋은 담장 밑에선 조무래기들이 모여들어 참새처럼 조잘거린다. 아이들 웃음소리와 발자국이 커져 가면, 봄은 이미 깊숙이 들어와 자리를 잡는다. 이즈음에 이르면 나의 봄앓이도 헤어날 수 없이 깊어만 간다. 추슬렀던 마음을 슬그머니 풀어헤쳐놓는 봄이 싫다. 단단한 얼음장에 스며, 제멋대로 풀려가는 봄이, 나는 두렵다.

이런 방어적 심리의 원인이 무엇일까 짚어보니, 퍽이나 오래 된 기억 하나가 튀어 오른다.

어릴 적에 시골 할머니 댁에서 살았었다. 초등학교에 입학하려고 3년 만에 서울 집으로 올라왔다. 다섯 살에 시골집에 당도했을 때처럼, 서울 집으로의 복귀도 상당히 혼란스러워서 초조한 나날이었다. 한울타리 안에서 같이 부대끼며 성장하지 못한 형제들이 남처럼 만만찮은 존재들로만 여겨졌다. 그들과 나는 둘로 갈라졌다. 내 행동 모두를 그들은 주시하고 평가하였다. 말하자면 어눌한 촌뜨기가 도시아이들로부터 따돌림을 당해 기가 죽을 지경이었다고 해야 할 것이었다.

공교롭게도 그때 태어난 막내로 인하여, 입학식에는 할머니 손을 잡고 참석하게 되었다. 오래 떨어져 있어 서먹한 엄마와 가까워질 기회를 다시 잃은 셈이었다.

입학한지 한 달 후쯤, 천막교실에서 내게 처음으로 한글에 눈 뜨게 해주신 담임 손직수 선생님은 볼우물이 패인 고운 모습이었다. 해맑은 피부에다 상큼하게 웃을 때, 오른쪽 입술 사이로 살짝 보이는 덧니가 한층 더 매력을 풍겼다. 얼굴 모습과는 좀 다르게 허스키한 목소리였는데 그것조차도 멋있게 받아들여졌다. 선생님은 들로 산으로 우리들을 데리고 다녔다. 따뜻하고 자상한 선생님이 좋아서 하교하기가 싫을 정도였다.

꿈결 같던 1년은 눈 깜빡 할 사이에 지나갔다. 손선생님과의 작별만도 가슴이 미어지는데, 2학년 담임은 까무잡잡하고 눈매가 째진 남자 선생님이었다. 가슴이 철렁 내려앉으면서 학교 다닐 기분이 싹 가시는 것이었다. 내가 대담한 성격이었더라면 아마도 그때, 학교를 중퇴했을지도 모를 일이었다.

그러다가 몇 년 후에 듣게 된 손선생님의 소식은 청천벽력이었다. 선생님이 폐결핵으로 그만 세상을 뜨셨다는 것이다. 그날, 도시락도 먹지 않은 채 변소 뒤편 미루나무에 몸을 숨기고 눈이 퉁퉁 붓도록 울었다. 집에 돌아온 내게 식구들이 벌을 섰나, 종아리를 맞았냐고 물어댔으나 입을 꼭 다물었다. 저녁도 굶고 노을만 바라보다가 이불을 뒤집어쓰고 이튿날까지 자버렸다.

우연찮게도 선생님이 떠나신 계절도 봄이었다. 정릉 신흥사 주변의 야산엔 봄이 되면 진달래가 흐드러지게 피었다. 바구니에 꽃송이를 따 담으며 환각에 빠지곤 했다. 붉은 꽃송이가 환한 선생님의 얼굴이었다가 순식간에 토해올린 핏덩이로 둔갑하기도 했다. 진달래의 처절한 붉은 빛은, 아직껏 나를 슬프게 한다. 그리워 가슴 저리게 하고 만다.

봄이 오면 입학식을 하고 새 학기가 시작된다. 내 스무 살 봄은 봄이 아니었다. 입시 낙방으로 끝 모르고 부풀던 자존심이 뭉텅 잘려나간 시기였다. 화려한 옷차림에다 핸드백을 메고 달랑 책 몇 권만 끼고 거리를 활보하는 여대생들과 마주치면, 영락없이 심장이 오그라드는 고통이 왔다. 낙방의 고배가 어찌나 컸던지 도봉산에 올라 투신을 하고 싶을 지경이었다. 봄은 무르익었으나 나는 한사코 봄을 거부했었다.

그러나 나이가 한 살, 두 살 늘어가며 생각이 바뀌고 있다. 재수를 하던 그 1년이야말로 내 긴 항로에 있어 빠져서는 안 될, 거름 같은 시간으로 인식되는 것이다. 여러 사람들을 만나보며, 내 처지보다 못한 이들을 배려하는 마음이 생겨났다. 공들여도 극복할 수 없는 음지가 도처에 도사리고 있다는 것을 희미하게나마 느낄 수 있었다.

황사바람이 불어와 시야를 가리고 의식을 흐리게 해도 흐름은 멎지 않아, 새순이 돋고 꽃망울은 터진다. 엄동설한을 겪은 백목련처럼 이제 나도 의연하게 일어서야겠다. 그리고 고개 들어 소담스런 꽃 한 송이 피우고 싶다.

꿈과 환상, 달리(Dali)전

10년 전쯤, 오사카 시립미술관에서 우연히 2개의 전시를 함께 보게 되었다.

하나는 한국에서도 미처 보지 못했던 '조선 자수와 보자기전'이고 다른 하나는 달리의 조각전이었다. 커다란 전시관 4개에 걸쳐 전시된 우리 선조들의 귀한 작품을 넋을 놓고 감상했다. 금사, 은사 오색실로 섬세하게 수놓은 활옷과 곤룡포, 수병풍과 알록달록한 자투리천으로 한 땀, 한 땀 정성 들여 조각을 이어나간 보자기의 정치미(精緻美)에 반해 쉽게 자리를 뜰 수 없었다. 우리 조상의 멋스러움에 취해 전시관을 빠져 나오자, 자연광을 그대로 받는 유리 전시실에 달리의 조각이 놓여 있었다.

고전과 현대의 상충이랄까, 아무튼 두 문화가 맞부딪치는 충격은 대단했다. 나는 그때까지도 스페인 태생 천재 작가 살바도르 달리를 몰랐었다. 흘러내리는 시계가 좀 독특하다고 생각 했을 뿐.

부산 벡스코에서 달리 탄생 100주년 기념전이 열렸다. 명성대로 그의 전시회는 대단했다. 이번 전시에는 '꿈과 환상' '관능과 여성성' '종교와 신화'등의 3가지 주제로 작품이 전시되었는데 수많은 드로잉 작품들은 그가 하나의 조각을 빚기 위해 얼마나 많은 땀을 쏟았는가를 여실히 보여주고 있다.

달리의 대표적인 작품은 역시 녹아내리는 시계들이다. 달리의 일생을 통해 지속된 강박관념 중의 하나는 '의식 세계의 인간들은 시간의 엄격성에 집착할 수밖에 없다. 이로 인해 인간은 흐르는 시간의 관념 속에서는 능동적일 수밖에 없다'는 것이었다. 달리의 중요한 작품들은 광폭한 감정의 혼합물로서 시계를 흘러내리게 하여 시간의 철칙을 무너뜨린 것이라고 미술 평론가들은 말한다.

1930년대 말, 달리가 초현실주의의 작품관을 갖고 자신 내면의 정확한 묘사에 몰두할 즈음 운 좋게도 프로이트를 만날 기회가 주어졌다. 후에 프로이트는 "나는 초현실주의자들을 알코올 중독자쯤으로 여겼는데 그 젊은 친구는 솔직하고 열정적인 눈으로 흠잡을 데 없이 완벽한 기교를 구사하고 있어 나의 그릇된 추정을 바꿔놓았다"고 술회했다고 한다.

달리는 일생 동안 자신의 작품을 통해 '오로지 예술만이 무의식에 자유를 줄 수 있다'는 신념으로 인간의 합리성을 못마땅하게 여겼다.

회귀본능

고향 까마귀만 보아도 반갑다는 말이 있다.

강원도 명주군에서 태어나서 단 2, 3년 만 살았을 뿐, 학창생활을 모두 서울에서 하였고 결혼한 후로는 줄곧 창원에서 살았으니, 강릉은 말로만 고향이지 생각해 보면 아득하기 그지없다.

그런데 역습을 당하듯 문득문득 그 고향이 간절하게 그리워지는 까닭은 어디서 비롯된 것일까? 가슴은 늘 향일성 식물처럼 고향 언저리를 맴돌고 있다. 잦은 일은 아니지만 강원도 사투리를 쓰는 사람을 만나면 가슴속에서 뭉클한 정이 솟는다.

학창 시절에 경상도에서 올라온 같은 과 친구들이 곧잘 서울말을 쓰다가도 길에서 동향을 만나기라도 하면 봇물 터지듯이 갑자기 억양이 거세지면서 푸들푸들 속성이 살아나던 기억이 있다. 그때는 체면도 없이 무슨 법석을 저렇게나 떠나 할 정도로 냉담한 편이었는데 요즘의 내가 바로 그런 애틋한 심정이 되곤 한다.

지난 겨울 입시철에 경남대학에 볼 일이 있어 들렀을 때, 교문 한 옆에 책상을 몇 개 맞대놓고 커피를 끓이고 있는 학생들을 발견했다. 그들 뒤편으로 '강릉고교 동문 모여라'고 큼직하게 적힌 방이 멀리서도 확연하게 눈에 들어 왔다. 반가운 마음에 어쩌자는 요량도 없이 달려가서 정말 강원도에서 왔냐고 물었더니 왜 그러냐고 되묻는 말씨가 분명코 강릉 사투리였다. "고향이 강릉이라 반가워서 그래요"라는 나의 매끈한 서울 말씨에 반신반의하면서도 차를 한 잔 따라주며 도움 청할 일이 있을지도 모르니 연락처를 적어 달란다. 그저 조카 같고 막내동생처럼만 느껴져서 망설임도 없이 주소를 적어주고 돌아서면서 금세 후회했던 기억이 남는다. 세상이 하도 흉흉하니 어떤 몹쓸 일로 성가심을 당할까 두려웠던 게다.

때론 한 번씩 구름처럼 훌쩍 떠나 고향 산천을 누벼 보고 싶기도 하나, 소망으로만 남을 뿐 어디 그리 쉬운 일이랴.

그런데 올해 드디어 꿈으로만 간절하게 바라던 일이 실천에 옮겨졌다. 부모님이 여름 동안 대관령 농장에 기거하고 계시니 호주로 이민 간 언니를 제외한 5남매가 각자의 휴가를 맞춰서 모이기로 한다는 것이다. 서울에 사는 자매와 오빠 내외는 비교적 자주 왕래가 있는 편이나 이렇게 남쪽 끝에 뚝 떨어져 사는 우리 내외와 미국에서 학위 받느라 5년을 고생한 막내에게는 좀처럼 찾아오기 힘든 기회였다. 오로지 고향을 찾는다는 벅찬 감정에 아직껏 불편을 겪고 있는 목디스크의 통증도 잠시 물러나는 듯 가벼워졌다.

서울로 일단 올라가서 울산에서 올라온 막내의 차편을 이용해 영동고속도로로 향했다. 경부고속도로는 수십 번을 왕래하면서도 그저 무덤덤하기만 하던 가슴이 심하게 울렁거리기 시작했다. 긴 여행길에 몸을 비비 꼬는 아이들은 아랑곳하지 않고 나는 은밀히 혼자만의 세계로 빠져 들어갔다.

횡계 인터체인지에서 우측으로 돌면 용평스키장이고, 왼쪽으로 꺾으면 부모님이 기거하는 농장이 나온다. 행정 구역상 소재지는 강원도 평창군 도암면 차항리이다.

직장 생활을 하던 오빠가 건강이 나빠져서 10여 년 전에 마련한 터전이다. 이태 전에 아버지도 메마른 서울생활보다 농촌이 좋다며 아들 곁에 꽤 넓은 밭을 장만했다. 올 여름에는 손수 종 감자를 재배한다고 손발 걷어붙이고 공을 들였다. 마중 나온 두 분의 얼굴은 촌부의 모습이 역력했다. 까맣게 그을리고 볼이 홀쭉해진 모습을 대하니 저절로 코끝이 찡해졌다. 서울에 계시다가 가끔씩 다녀가지 왜 손수 애쓰시냐며 가슴 아파했더니 공기가 맑아 머리도 아프지 않고 살이 다소 내렸어도 마음만은 그지없이 편하니 걱정들 하지 말라고 손까지 휘휘 저으신다. 그 말씀을 듣고 보니 마치 깊은 암자에서 수도하는 스님을 뵙는 듯, 정갈한 얼굴이 세상살이에 초연해보였다.

원래 밭 가운데 토담집이 있어서 경작이 불편했는데 아버지 아이디어로 토담집을 대형 중기로 번쩍 들어 한 옆으로 옮겼다고 한다. 말이 쉽지, 그간의 노고가 이만저만이 아니었음을 짐작할 수 있었다.

옮겨놓은 집은 외관상 토담집이지 중부지방의 밭 전(田)자 구조를 십분 활용한, 편리한 가옥이었다. 거실 벽은 통나무를 얇게 켜낸 판자로 붙이고 천장은 재래식 부엌지붕 그대로를 떼어다 이었기 때문에 시커멓게 그을음 앉은 서까래가 한결 운치를 더했다. 주방에는 집 뒤의 샘에 모터를 설치해서 지하수를 끌어올려 수도꼭지만 틀면 차디찬 물이 콸콸 쏟아져 나왔다.

오랜만에 만난 조카 넷과 우리 아이 둘이 어우러져서 야단법석을 떨어댔다. 아이들뿐만 아니라 어른들도 그동안 미뤄뒀던 얘기 보따리를 밤이 이슥하도록 풀어놓았다. 산골의 밤은 일찍 찾아들었다. 서울에 사는 조카들은 별 구경을 못하다가 별이 초롱초롱한 하늘을 당장이라도 움켜쥘 듯 야단이었다. 요 며칠간 내린 폭우로 불은 개울물 소리가 요란했다. 잠자리가 바뀐 탓인가, 잠잘 시간을 놓쳐서인가 밤이 깊도록 몸을 뒤척였다.

도시보다 시골의 아침 역시 일찍 오는 듯했다. 잠시 낯선 소리에 귀를 세운다. 눈을 뜨고 나서야 '아하! 여기가 대관령이지' 하고 놀랐다. 창호지 바른 장지문으로 이미 깊숙이 들어온 햇살이 우리가 깨기만을 점잖게 기다리고 있었다. 머리맡이 환한 분위기에 문득, '동창이 밝았느냐, 노고지리 우지진다./ 소치는 아이는 상기 아니 일었느냐./ 재 너머 사래 긴 밭을 언제 갈려하나니' 약천 남구만의 시구가 떠올랐다. 서둘러 문을 밀어내니 푸른 감자밭이 시야 가득 넘실거린다. 드문드문 흰 감자꽃이 돌배기 앞니처럼 눈부시다. 일찍 도착한 동생 말에 의하면 한창 때의 하얗게 덮인 감자 꽃은 메밀꽃 못지않게 장관이라고 한다. 아뿔싸, 나는 한 발 놓친 셈이다.

가뭇하게 소실점이 이는 곳에 움직이는 물체가 보일 듯 말 듯하다. 자세히 보니 일찍 일어난 어머니가 감자밭에서 피를 골라내고 있었다. 일흔을 바로 눈앞에 둔 분이 여직 저렇게 부지런히 몸을 놀리는데 나는 이 무슨 게으름인가, 생각이 여기에 미치자 절로 부끄러워진다. 한 치의 보탬도 없는 당신들의 소신을 묵묵히 실천함으로써 지난 밤 자식들의 간곡한 만류를 간단히 기우로 돌려놓는 것이었다.

그렇다. 저 분들은 땅에서 나서 흙과 친화하다 역시 흙으로 돌아가려 지극히 자연스러운 삶을 살고 있지 않은가. 쉽고도 평범한 진리가 비로소 한 귀퉁이 눈을 떠온다.

일곱 살짜리 손자와 앞서거니 뒤서거니 흙을 퍼 담는 일흔의 모습이 똑 같이 천진난만하다. 마주 보는 그들의 환한 웃음이 감자 꽃처럼 빛을 내뿜는다.

사랑 빚기

오래 전, 신문 문화면 한 귀퉁이에 난 사진 한 장을 종일토록 만지작거린 적이 있었다. 닥종이로 만든 조형 인형전이 열린다는 공고였다. 실물이 아님에도 손바닥 반쪽만한 흑백사진을 통해 전해지는 감동이 이만저만이 아니었다.

눈꼬리에 장난기를 조롱조롱 매단 인형에게서 다사로운 숨결이 전해졌다. 쫑긋이 벌린 입술로 끝없이 조잘거리며 가슴이 무뎌진 이들을 천진무구한 동심의 세계로 이끄는 듯했다. 가까운 곳에서 전시된다면야 갓난쟁이를 들쳐 업고서라도 당장 가보고 싶었다.

김영희, 바로 그녀가 십 수 년 전에 나를 온통 사로잡았던 인형을 만든 장본인이다.

지난 봄, 나는 일 년 넘게 시달려온 목디스크로 매우 우울했었다. 예년의 봄도 쉽게 넘기는 편은 못 되었지만 올 봄엔 차도가 없는 병고로 인해 말 할 수 없이 가슴이 황폐해지고 있었다. 차라리 외상이면 수술로 봉합하고 아물면 끝이련만 겉보기에는 멀쩡한데 지지부진 병의 차도 없이 자리보전 하고 있자니 참담한 기분이 들었다. 아이들도 남편도 모두 무심하게만 여겨지고 내 존재가 허무해져 눈물도 자주 흘렸다.

최악의 건강상태에서 만난 김영희의 『아이를 잘 만드는 여자』는 시들해져가는 내 삶에 아주 적절히 내려준 단비와도 같았다. 책을 손에 들자 그야말로 정신이 번쩍 드는 것이었다.

김영희, 그녀는 손재주가 특별한 어머니 밑에서 태어났다.

누룩 빚어 술 담그고, 가을에는 국화 잎 말려 베개 속을 채워주고 삼베치마 둥쳐 입고 토란줄기 꺾어 국 끓이고 파전 부치던 어머니, 뽀얀 이불홑청 반질하게 다듬이질 하던, 게으른 딸에게 손수 봉숭아 꽃물을 들여 주던 어머니를 김영희는 거침없이 아티스트라고 말한다. 그리고 그녀가 평생에 걸쳐 작업하는 닥종이 인형의 참 모델은 말할 것도 없이 그분인 것이다.

그녀는 미술대학에서 회화를 전공했다. 기름 물감을 만지면서도 우리 고유의 한지에서 풍기는 고아한 멋을 잊을 수 없어 일찍이 닥종이 인형을 만들었다고 한다. 그 무렵 양쪽 집안의 심한 반대를 무릅쓰고 그녀는 스스로 선택한 남자와 결혼을 했다. 그리고 아이 셋을 두었다. 손바닥만한 읍 소재지에 살면서 맞벌이를 했는데 퇴근 후에는 남의 시선도 아랑곳 않고 젊은 연인들처럼 팔을 끼고 데이트를 즐겼다. 그들의 깨소금 같은 부부애를 두고 어른들은 혀를 쩍쩍거리며 염려했다. 금실이 지나치게 좋으면 하늘도 시기한다고.

예정된 운명처럼 암으로 남편을 묻고, 일곱 식구의 가장이 된 김영희는 생계의 수단으로 인형을 만들었다. 그녀의 어머니 말대로라면 서

푼의 값어치도 없는 물건을 그녀는 밤을 새워가며 만들었다. 그녀가 작품에 쏟아 부은 정성은 가히 눈물겹다고 해야 할 것이다. 그러나 단지 호구지책으로서의 행위가 아닌, 혼을 기울인 사랑 빚기였음을 그녀는 회고한다.

책 제목에서도 나타났듯이 그녀는 아이를 잘 만든다. 이 말은 그녀가 아이를 낳아서 훌륭히 키우고 작품 또한 혈육처럼 혼신의 힘을 다해 빚고 있다는 것을 상징적으로 표현한 것이다. 그녀는 유럽 전역에 걸쳐서 전시회를 수십 번 연, 성공한 예술가이다. 그러나 그녀가 가장 소중히 여기는 것은 자신의 예술 행위보다도 가족, 특히 아이들이라고 한다. 무려 열네 살이나 연하인 남편 토마스를 만난 인연도 이 점과 무관하지 않다. 논리적, 이념적 사고에 길들여진 아리안에게 가슴 깊은 곳에서 쏟아내는 정으로 작품을 빚는 김영희의 모습은 분명코 화인처럼 선명하게 각인되었으리.

그렇다. 김영희는 눈부신 유채꽃과 같은 열정을 지녔고 대쪽 같은 한민족의 얼도 검푸르게 풀어내는 여자다. 노랑과 남빛이 보색이면서 서로 어우러져 환상의 조화를 이루듯, 김영희는 감성과 이성이 어우러진 제주의 쪽빛 바다와 어질머리 노란 유채밭을 멋들어지게 빚어 놓는다.

우리가 때로 지쳐있을 때 사진 속에 펼쳐진 유채밭이 삶을 부추기듯 김영희는 나의 묵은 체증을 걷어내고 신선한 충격을 가해왔다.

그녀가 빚어 놓은 인형이 하나하나 생생하게 살아나고 있다. 하늘을 품고 연을 띄우고, 팽이를 치기도 하고, 연잎을 옹색하게 쓰고 빗물을 튀기는가 하면 어머니 치마폭에 묻혀 마냥 행복하게 잠들고 있는 것은 그녀가 자식을 낳아 키우듯 사랑의 손길로 혼을 불어 넣었기 때문이다. 나는 지금 그녀의 분신을 보고 있다. 베적삼 밑으로 삐죽이 나온 배꼽이 덩달아 웃음을 머금고 논두렁을 바삐 쫓아가게 하고 만다.

지금쯤 그녀는 지하철 안에서도 젖 물려 키운, 막내 프란츠를 색동누비포대기로 들쳐 업었으리라. 날씨가 차가워졌다는, 오직 그 이유 하나 만으로도 충분히.

화왕산, 불의 제전

한 해, 두 해 단지 나이를 먹는 일이 내게는 매양 서툴기만 하다. 반복되는 일상에서, 잔물결 같은 변화조차도 그냥 넘어가기가 몹시 힘이 든다. 환절기 탓일런가, 막무가내로 다가오는 봄내 때문인가, 불쑥불쑥 감정의 소용돌이가 깊게 일고 있다. 이럴 땐, 맞불을 놓는 것이 상책이다. 때맞춰서 '정월 대보름 억새 태우기' 행사가 화왕산에서 벌어졌다.

경남 창녕군에 있는 화왕산은 『동국여지승람』에 '불을 품은 화산으로 불이 크게 이는 산이란 뜻에서 화왕산(火旺山)이라 이름 붙였다'고 기록돼 있다. 화왕산에 불이 나야만 재앙이 물러나고 다음 해에 풍년이 든다고 전해진다. 그런 소망을 담아 전국 최초로 벌이는 불축제였다. 화왕산은 10월에 열리는 '억새제'로도 전국의 등산객들의 발길을 모으는 유명한 곳이다.

2년 전, 딸아이 진학문제로 속이 터질 듯하여 산행을 하였었다. 숨이 턱에 채여 정상에 오르니, 생경하게 펼쳐지던 억새의 무리, 무리들…, 신비로운 은빛물결에 사로잡혔다가, 그 푸근한 품속에 안겨 울음을 터뜨렸다. 한참을 헝클어진 속마음을 풀어내고 나니, 조금쯤은 격앙된 감정이 가라앉는 것 같았다. 비로소 억새의 눈부신 모습이 눈에 들어왔다. 닿을 수 없는 그 투명함 때문에 가슴이 저려왔었다.

그 깊은 절망을 쏟았던 곳으로 오늘, 다시 오르고 있다. 세상을 집어삼킬 듯이 날뛰는 불꽃과 야합하기 위해서.

정상으로 오르는 길은 여럿 있으나, 오늘은 관룡사를 품고 있는 옥천으로 접어들었다. 창녕읍에서 올라가는 길은 경사가 심해서 바짝 따라오는 무리들과 맞닥뜨리면 산행의 묘미가 반감되기 때문이다. 언젠가 창원문인협회 문학기행에서 한 시인이 '난 온 종일 크고 작은 요강단지만 봤지, 산을 제대로 본 기억이 없다'고 한 우스갯소리도 가파른 코스를 택해서 얻은 고충이 아니었을까.

주차장 못미처 저수지가 하나 있다. 녹음이 풀어놓은 그림자도 없건만, 물빛이 유난히 푸르러서 마음을 온통 빼앗아 가려한다. 전 같았으면 물가에 주저앉아 노닥노닥 눈이라도 맞춰주고 가련만, 오늘은 마음이 자못 급하다. 눈이 시린 늪을 지나면 계곡은 왼쪽으로 몸을 숨긴다. 개울과는 거리가 꽤 먼데도 벌써 버들강아지 새순이 우단 같은 목을 한껏 빼 올리고 있다. 그냥 지나칠 수 없어 볼에다 비벼보다, 기어이 가지를 꺾고 말았다. 땀이 식을 무렵, 관룡사 병풍바위 숲에서 꿩 소리가 요란하게 들려왔다. 아마도 짝짓기를 하는 모양이었다.

고갯마루에 올라서자 전국에서 몰려든 보도 차량과 인파로 벌써 인산인해를 이루고 있었다. 바람에게 온몸을 맡겼던 억새는 이미 예전의 몸이 아니었다. 고희를 맞은 노인처럼 한결 순연해진 눈빛이다. 은빛

구릉이 마치, 거대한 소 한 마리가 평화롭게 누워있는 듯하다.

화왕산성은 신라 진흥왕 때 축조되었는데 임진왜란이 일어나자 의병 곽재우 장군이 성벽을 보수했다. 철옹성이었던 그곳은 왜란 막바지까지 비사벌(창녕)을 지킨 요새였다고 한다. 사백년 전의 뜨거운 숨결이 지금도 흐를 것만 같아 가만히 돌무더기에 뺨을 대어본다. 의병들의 발걸음이 잦았을 군량미 곳간 터에서 그들의 흔적을 찾아내기라도 할 듯, 한참을 머물렀던가. 의병들을 쫓아 시공을 넘나들 때, 행사시작을 알리는 방송이 들려왔다.

바야흐로 대보름의 풍속을 살린 다채로운 행사가 시작되려는가 보았다. 김덕수 사물놀이패의 징징징~, 쾌갱쾌갱갱~ 신명난 소리가 한바탕 어우러지며 지신밟기가 시작되었다.

달집 가운데에 댓잎 푸른 대나무를 곧추 세우고, 주변으로는 남북통일, 무병장수, 풍년을 소망하는 소지(燒紙)를 울타리처럼 걸어놓았다.

오후 5시 40분, 아쉬움을 품은 해가 아직 서쪽 능선에 걸렸는데 제사장이 달집에 불을 붙였다. 도화선을 따라 순식간에 5만 여 평의 평원으로 불길이 번졌다. 구름 같이 모여들었던 사람들은 타들어가는 불길을 보자, 술렁이기 시작했다. 시뻘건 혓바닥이 천지사방에서 너울거리자 사람들도 불길처럼 출렁거렸다. 사람들은 두려운 기색도 없이 불길 속으로 걸어 들어가고 있었다. 욕되고, 억울하고 고통스러운 너울을 불더미 속으로 던져 활활 사르고 있는 것처럼 보였다. 네로가 로마를 불 지르고 미쳐갔듯이, 모두들 불의 마력에 끌려들고 있었다.

거대한 벌판은 삽시간에, 흑사병이 휩쓸고 간 폐허처럼 변해갔다. 불길이 사그라지고 흰 연기가 피어오를 때에야, 사람들은 비로소 가쁜 숨을 잦혔다.

화왕산 달집태우기는, 거대한 카타르시스의 한 판이었다. 상처받은 영혼들을 위한 제례가 아니었을까.

비죽이 고개 내민 보름달이 다 알겠다는 듯이 웃고 있다.

섬

봄은 한껏 무르익었다.

매화 향기 소문처럼 번지자 목련이 촛불 같은 봉오리를 내밀고 벚꽃이 화르르 화르르 축포를 쏘아 올린다. 한데, 지구의 반대쪽에선 빗발처럼 쏟아진 포탄에 어린아이들의 머루 같은 눈망울이 스러지고 있다.

사람들 사이에 섬이 있다/ 그 섬에 가고 싶다*

현대인들은 끊임없이 타인과의 관계 속에서 살아가고 있다. 허나 내밀한 소통이 이루어지기란 쉽지 않은 일이다. 가슴의 문을 비끄러매고 요긴 할 때만 열어 보이며 단절의 우물을 깊게 파고 있다.

사람과의 관계에서 진실한 의사소통이 이뤄지지 않을 때, 불신은 싹튼다. 김기덕 감독의 「섬」은 불신의 시대를 살아가는 현대인의 소외된 삶을 적나라하게 표출시킨 영화다. 김감독은 「악어」(1996), 「야생동물

보호구역」(1997), 「파란 대문」(1998), 「섬」(2000), 「수취인불명」(2001) 등을 통해 인간의 내면을 섬뜩하게 파헤치고 있다.

사람이 얼마나 잔인할 수 있는가를 개장수(수취인불명)를 통해 우리에게 보여준다. 야구방망이로 개를 때려잡는 모습은 우리가 한사코 피하고자 하는 내 안의 야성과 맞닿아 있다.

자욱한 안개 속에 분홍, 노랑, 초록, 보라 등 색색의 집이 여남은 채 떠 있다. 「섬」의 주인공은 그로테스크하게 생긴 벙어리 여자이다. 감독은 자칫 대사로써 놓치기 쉬운 미세한 감정의 흐름을 벙어리 여자의 섬세한 표정 연기로 포착했다. 벙어리 여인으로 하여금 복잡 미묘한 인간 심리를 꿰듯이 생생하게 드러낸 감독의 시도는 참신하고 완벽했다. 무릉도원의 수묵화 같은, 안개 자욱한 호수 풍경은 천진무구한 어린아이처럼 마냥 평화로워 보인다. 그 안에서 장차 벌어질 잔혹한 사건을 위장한 채, 섬들은 천연덕스럽게 떠있다. 기실 현대인들은 각자 다른 색깔을 품고 섞이지 못한 채, 섬 한 채로 떠 있는 것이다. 흔히들 상대가 내게로 노 저어 오기를 바랄 뿐, 자신은 상대에게 다가가려는 수고마저 꺼린다. 낚시터의 벙어리 여주인을 사람과 사람 사이의 소통의 매개체로 설정한 감독의 탁월한 예술성이 돋보인다.

살인자, 노름꾼, 창녀 등이 각기 다른 삶의 색깔을 띠고 낚시꾼을 위장하여 기꺼이 섬이 되고자 모여든다. 일정한 간격을 유지하고 떠 있는 섬들은 모래알처럼 살아가는 현대인의 소외된 삶을 상징적으로 보여주고 있다. 사회에서 배척당한 한 젊은이가 새장을 들고 들어와 노란 집에 둥지를 틀고부터 벙어리 여자는 몸이 후끈 달아오른다. 간간이 오토바이를 타고 티켓 다방 아가씨가 소풍을 오듯, 즐겁게 성을 팔러온다. 껌 한 개를 팔아치우듯 가볍게 거래가 이루어지고, 여성의 존엄성도 코 푼 휴지처럼 간단하게 구겨진다.

벙어리 여자는 끊임없이 노란 집 남자를 바라본다. 흔들리는 그네 위에 앉아 마치 자신이 사는 세상이 아닌 듯, 펼쳐진 호수 위의 풍경을 관조하고 있다. 그렇다. 사랑은 관심에서부터 비롯되는 것이다. 여우비가 바람결에 스쳐가고 벙어리 여자는 처마 끝에서 떨어지는 낙숫물 소리를 안주 삼아 소주를 홀짝거리고 있다. 다른 낚시꾼들에게는 단지 돈의 대가로 몸을 허락한다. 그러나 진정으로 갈망하는 상대에게는 눈빛마저 간절해진다.

가을이 깊어지고 벙어리 여인의 사랑도 붉디붉게 물이 든다. 무료하기만 하던 낚시터 일상에서 벙어리 여인의 사랑은 불길처럼 핏속으로 흐르기 시작한다. 나룻배 위에서 노을을 베고 누운 그녀의 온몸이 열에 들떠 있다. 역시 사랑은 위대하다.

집요한 구애에도 불구하고 노란 집 남자가 떠나려하자 벙어리 여자는 자궁 속에다 굵은 낚시 바늘 5개를 처넣고 만다. 사랑하는 남자가 떠난 뒤의 자신의 성은 무의미하다는 것을 처절하게 항변하는 대목이다. 처음 이 장면을 접했을 때는 너무도 끔찍해서 제대로 화면을 응시할 수 없었다. 이처럼 참혹한 장면이 꼭 들어가야만 했을까? 다소 진정이 된 후에 객관적인 시각으로 다시 화면을 좇을 수 있었다.

여자들은 예로부터 아이를 낳으러 방에 들어갈 때, 댓돌 위의 고무신을 바로 놓고 들어갔다고 한다. 그것은 출산 중에 생명을 잃을 수도 있다는 것을 은연중에 감지하기 때문이다. 그럼에도 불구하고 수 천 년 동안 여성들은 기꺼이 아이를 낳았다. 자신의 생명을 담보로 했기 때문에 모성애가 그토록 끈끈한 것인지도 모른다. 벙어리 여자도 자신이 죽도록 사랑한 남자가 떠나가는 마당에야 자궁은 한낱 낚싯 밥에 지나지 않았던 것이다.

예기치 못하게 벌어진 살인사건으로 두 남녀는 나룻배를 타고 낚시터를 떠나 바다로 향한다. 호수를 파랗게 뒤덮은 갈대숲 속으로 배는 미끄러지듯이 숨어들고 갈대 잎의 서걱거리는 소리는 그들의 사랑과 자유를 일깨워준다. 나룻배 안에 반듯하게 누워 있는 벙어리 여인의 음부 위로 푸른 갈대숲이 클로즈업된다.

이제 벙어리 여인은 지리멸렬한 일상으로부터, 자신을 옭아맸던 성으로부터의 일탈도 가능해진 것일까….

*정현종 「섬」 전문

청소 잘하는 아이

딸아이가 중 3이 되자 학교에서 진학상담을 하기 위해 학부모를 불렀다.

강당에 학부모를 앉혀놓고 진학률을 높이자는 교장선생님의 격려사를 시작으로 진학지도 담당 선생님이 어려운 입시여건 설명에 들어갔다. 영민해 보이는 선생님은 일목요연하게 정리된 입시현황 차트를 조목조목 잘 설명해주어서 이해하기가 수월했다.

졸업생 수에 비해 고등학교의 정원이 턱없이 모자라니 그만큼 입시경쟁이 치열할 수밖에 없다는 절망적인 얘기였다. 한 학급 50명중, 평균 90점을 넘는 열 명 남짓만 인문계에 진학할 수 있고, 나머지는 포기해야 한다는 결론이다. 그렇다면 대다수의 나머지 학생들의 진로는 어떠한가. 내신 성적이 우수하고 외모도 준수한 불과 몇 명만 실업계 진학이 가능하고, 또 나머지 몇몇은 연합고사가 없는 사립학교로 갈 수 있다고 한다. 그런데 그 사립학교의 교육적 시설이 형편없는 모양이었다. 성적이 부진한 아이들은 만회할 기회도 없이, 부족한 시설에서 점점 더 뒤처지게 되고 만다. 설명을 들을수록 사태가 심각하게 느껴져, 가슴이 돌덩이처럼 굳는 것 같았다.

이미 가슴을 졸일 만큼 졸인 상태에서, 담임선생과 모의고사 성적을 가지고 구체적인 상담에 들어갔다. 바싹 마른 입에서 단내가 다 올라올 지경이었다.

딸애의 성적은 형편없이 낮았다. 앞이 캄캄했다. 감정을 추스를 수 없는 상황인데, 느닷없이 어머니 얼굴이 떠올랐다. 자식을 키워보아야 비로소 부모님의 공을 안다더니, 어떻게 육남매를 모두 대학에 진학시키셨을까. 가슴 졸이는 그 숱한 시간들이, 부모님의 정기를 모두 쇠진시킨 것만 같아 죄송스러울 뿐이다.

아이는 좋아하고 싫어하는 과목이 선명하게 대조되었다. 국어, 영어, 예능 과목은 거의 만점이고, 수학, 과학 쪽은 50점 정도이다. 내가 학창 시절에 겪었던 고통을 고스란히 자식에게 대물림한 것 같아, 발등을 찧고 싶은 순간이었다. 자신의 결점만 쏙 빼 닮은 딸아이가 안타까워 때론 하늘을 원망도 해본다. 그만큼 당대에 고통을 받았으면 됐지 무슨 벌이 대를 이어 끈질기게 이어지는가.

수학은 구체적인 숫자 개념이 들어오지 않았다. 예를 들어, 사과 3개를 4명이 나누면 한 사람의 몫은 얼마인가 하는 분수문제가 나오면 '골치 아프게 등분은 왜 해. 누군가 좀더 먹으면 되지.' 하는 식이었다. 답을 내는 일은 항상 주관적인 사고의 뒷전으로 밀려났었다.

숨소리조차 잦아드는 수학시험 시간이다. 문제는 주관식으로 5문제뿐이다. 연필을 잡는 순간, 공식이고 뭐고 머릿속은 하얗게 비워지고 단 한 문제도 풀 수 없다. 주변을 둘러보면 급우들은 사각사각 연필소리를 내며 까맣게 시험지를 메워가고 있다. 등에서는 식은땀이 줄줄 흐르고 발밑은 더 이상 내디딜 수 없는 아득한 절벽이다. 아 – 이 절망감.

깜짝 놀라 깨어보면 꿈이었다. 나는 가위에 눌리는 이런 꿈을 서른이 넘도록 꾸었다. 꿈에서 깨어나면, 이제 더 이상 시험을 보지 않아도 되는 현실이 더할 수 없이 행복하였다.

납빛으로 가라앉은 내 얼굴을 보며 국어 담당인 담임선생님은 위로하였다.

"아이한테 야단도 못 치겠어요. 저도 학창시절 줄곧 그랬는걸요. 수학이라면 지긋지긋했어요."

특히 문과 계통의 여학생들은 공통적으로 논리적인 사고에 약한 모양이었다. 나는 절박한 심정으로 부족한 과목을 끌어올릴 묘책을 바라는데 담임의 화제는 계속 다른 곳을 맴돈다.

"아이가 어쩜 그렇게 성숙해요. 어떤 땐 제자라기보다 잘 통하는 친구 같은 걸요. 독서를 많이 해서 그런가 봐요. 벌써 종이시계 같은 수준 높은 책을 읽데요."

아이에 대한 극찬에 몸 둘 바를 몰랐다. 책을 사다가 쌓아만 놓았지 특별히 독서 지도한 기억이 없기 때문이다.

"그리고 청소를 얼마나 열심히 하는지 몰라요. 요즘 아이들, 공부만 잘하면 된다는 식인데 꾸준히 하는 모습에 솔직히 놀랐어요."

아이의 칭찬을 듣는 동안 지푸라기라도 붙잡은 심정으로, 서늘한 가슴속이 따뜻해져 왔다.

아이는 항상 곧았다. 자박자박 걸어 사탕을 사러 갈 때부터 거스름돈을 꼭 제자리에 넣어두고, 허락 없이는 지갑에 손을 대지 않았다.

입학을 해서도 꾸중을 들을지라도 부족한 성적표를 꼬박꼬박 내밀곤 하였다. 그리고 학교 공동의 일은 제 일을 제쳐놓고라도 성실히 해냈다. 학급환경미화, 개교기념일축제, 선생님의 차트에 이르기까지도.

그런데 그 순간, 딸아이가 왜 그렇게 바보스럽고 야속하게만 여겨졌는지. 잠재해 있던 못된 마음이 고개를 쳐든 건, 찰나였다. '아이쿠, 요 맹추야, 남보다 더 많이 할 건 또 뭐야. 수학문제 하나 더 풀든가, 차라리 부족한 잠이나 실컷 자든가.' 단 몇 초 동안의 나의 이기심에, 금방 얼굴이 홧홧해져 왔다. 무슨 망발이란 말인가. 짧은 시간 안에 성적을 벌충해야만 상위권으로 진입할 수 있다는 강박관념에, 기본 교육관마저 흔들렸던 것이다.

딸아이는 호기심이 많고, 개성도 무척 강하고 눈썰미도 남달랐다. 매사에 반짝반짝 빛을 내던 아이였는데 요즈음은 분위기가 퍽 달라졌다. 진이 다 빠져 어깨가 축 늘어지고 얼굴표정이 없다. 무슨 일에든 흥미가 없고 관심조차 보이지 않는다. 비정상적인 입시제도 때문에 색깔 고운 딸아이가 무채색으로 변하고 있다. 그러나 개인적인 힘으로는 어쩔 도리가 없다. 우리가 살고 있는 지역의 교육적 여건이 전국에서 제일 열악하다고 하지 않는가. 딸아이 요구대로 인문계 진학이 수월한 서울로 전학시킬 걸 그랬나 하는 후회가 요즘 들어 부쩍 더 든다. 이 지역에도 부족한 고등학교가 많이 세워지고 특히 예술학교의 건립이 하루바삐 이루어지길 바라는 마음 간절하다. 아이들의 빛나는 개성이 모두 사라지기 전에…. 유서 깊은 예향의 도시 마산과 도청 소재지 창원에 예술학교가 하나도 없다는 것은 진정으로 부끄러운 일이다.

(1995년)

6

상생의 땅, 인도

- 상생(相生)의 땅, 인도
- 일본, 아직은 두려움이 앞서는 땅
- 앙코르 와트에도 해가 지고, 해가 뜨고

상생(相生)의 땅, 인도

군부독재가 한창이던 80년대 초, 조간지에 연재되던 인기 소설이 하루아침에 중단되었다. 작중 인물이 불온한 사고로 민중을 선동한다는 것이 그 이유였다. 그 후, 소설가 강석경은 한동안 잠잠한 듯했다. 그리고 몇 년이 흐른 뒤, 『인도기행』이라는 내 평생의 화두와 같은 기행문집을 들고 나타났다. 중단된 연재소

부처가 불교를 설파하고 인도의 정신적 지도자 간디와 현대인들이 살아가야할 길을 인도해 주던 크리슈나무르티가 살았던 땅이 아니던가! 책장이 너덜너덜해질 정도로 끼고 다니며 언젠가는 그 땅을 밟고 말리라는 염원을 가슴속에 쌓아갔다.

20년이 훌쩍 지난 2003년 1월 16일 저녁 7시, 나는 인도행 비행기를 탔다. 그리고 10시간 만에 뭄바이(봄베이) 공항에 발을 디뎠다.

그곳은 아직 어둠이 짙게 깔린 새벽이었다. 얼마나 밟고 싶은 땅이었던가. 감격에 겨워 심호흡을 하자 매캐한 냄새가 코를 진동했다. 자

우룩하게 낀 안개 때문에 한치 앞이 구별되지 않았다. 짐꾼들은 어둠 속에서도 재빠르게 여행객 가방을 옮겨 실었다. 강파르게 도드라진 광대뼈 위로 번뜩이는 그들의 눈빛이 시리다. 우수 짙은 눈망울의 버스 기사는 안개 속에서도 꾸불꾸불한 길을 잘도 달린다. 차창으로 보이는 삭아 주저앉은 집들은 철거당한 무허가촌처럼 을씨년스럽다.

열사흘 달이, 남루한 뒷골목을 비추고 있다. 환한 달빛 아래 허기진 목숨들이 거적을 쓰고 즐비하게 널브러져 있다. 어른들이 단잠에 곯아떨어진 새, 거적을 들치고 일어나는 어린아이는 놀랍게도 알몸뚱이였다. 이방인을 신기한 듯이 빤히 쳐다보는 눈망울이 별처럼 초롱초롱했다. 언젠가는 저 천진무구한 눈망울이 가난에 스러지고 말겠구나. 참담한 현실 앞에 속이 아리다.

'아이야, 무럭무럭 자라나거라. 빨리 어른이 되어서 이 찢어지게 가난한 세상을 뒤바꾸어 놓으렴….'

나의 간절한 바람이 이 땅에서 이뤄지기를 기도하고 또 해본다.

어둠 속의 보석, 엘로라, 아잔타석굴

우리가 도착한 뭄바이는 인도의 서쪽 중허리쯤 되는 지역이다. 여기서부터 불교 성지를 따라 북상하게 된다. 엘로라 석굴이 있는 아우랑가바드는 뭄바이에서 고속열차로 7시간 거리에 있다고 했다. 그런데 웬걸, 말이 좋아 고속열차이지, 3시간을 하염없이 기다린 끝에 올라탄 기차는 가다 말다를 거듭했다. 한국에서 동행한 가이드는 우리의 다짐을 받았다. 귀국하는 날까지 행복한 시간을 보내려면 아무것도 묻지 말라고. 언제 출발하는지, 몇 시에 점심을 먹게 되는지, 오늘 안으로 잠자리에 들 수는 있는지… 등을. 말이 떨어지기 무섭게 연세 지긋한 청일점 처사가 '그럼, 묻지마 관광이냐'고 너스레를 떨었다. 우리는 그나마 깨끗하다는 특등실에 앉았는데 옆 칸에는 현지인들이 짐짝처럼 웅크리고 있었다. 그들은 지린내나는 맨 바닥에 주저앉아 무슨 생각을 하는 것일까? '희망'이라는 희미한 줄에 의지해 사막을 헤매고 있는 것은 아닐는지….

인도 특유의 향신료 때문에 아침을 먹는 둥 마는 둥 하고 서둘러 버스에 올랐다. 인도는 오랜 기간 영국의 식민지였기에 교통체계도 영국식 좌측통행이었다. 습관대로 문 건너편에서 서성이자 눈웃음이 매력인 현지가이드가 자기 쪽으로 오라고 손짓한다. 차선이 따로 그어져 있건만 택시격인 릭샤(자전거에 매단 삼륜차)와 자전거와 수레가 엉켜 버스속력을 낼 수 없다. 로터리를 돌면서 내려다보니 흰 소와 회색 소 두 마리가 차선을 통째로 차지하고 점잖게 누워있다. '소가 사람보다 의젓하다'고 한 법정스님의 말씀이 떠올라 웃음이 비어져 나왔다. 출발해서 30분을 달리자 병풍처럼 둘러선 거대한 석벽이 멀리서도 눈에 들어왔다. 높이가 4, 50미터는 좋이 돼 보였다. 찬란한 석굴에 사로잡혀 눈을 뗄 수 없는데 기념품을 파는 꾀죄죄한 아이들이 달라붙어 발걸음을 뗄 수 없었다.

인도에서 석굴사원을 파기 시작한 것은 대략 기원전 2세기 말엽이라고 전해진다. 그로부터 기원 후 9세기까지 오랜 시간에 걸쳐 조성된 것이다.

기원 후 5~7백년 사이에 만들어진 엘로라 석굴은 불교, 힌두교, 자이나교 등의 석굴이 남북으로 무려 2킬로미터에 걸쳐 있다. 그 중 1번에서 12번까지가 불교석굴이다. 정교하게 파들어 간 제 2석굴 입구를 들어서니 앞이 보이지 않을 정도로 캄캄했다. 어둠에 익숙해지자 천장을 받치고 있는 거대한 돌기둥이 눈에 들어왔다. 그 방대한 규모에 입이 저절로 벌어졌다. 입구 맞은편 한가운데 부처님을 모셨고, 좌우에서 연화수보살과 문수보살이 시봉하고 있다. 부처님의 은은한 미소와 손 모양과 협시보살들의 몸매가 정교하게 조각돼 있다. 힌두교 조각보다는 덜하지만 우리나라 불상과 비교해보면 대단히 파격적이다. 남녀의 육감적 행동을 과감하게 묘사한 조각에 얼굴이 붉어졌다. 단단한 암벽을 어떻게 떡 주무르듯이 다뤄 소름이 돋을 만큼 정치(精緻)한 조각을 빚어놓았을까? 인간의 힘이 참으로 위대하다는 것을 절감했다. 같이 간 여대생이 "아줌마, 맨 정신으론 못했겠죠? 혹, 마약 같은 걸…", "예끼, 불심이었겠지…." 말끝을 흐리며 말랑할 것 같은 가슴으로 손길이 갔다.

『인도미술사』의 저자 벤자민 로울랜드 교수에 의하면 석굴은 굴의 천장이 될 높이에서 뚫기 시작한다고 한다. 자연히 실내엔 지지대를 세울 필요가 없고 천장과 지붕이 완성된 뒤, 작업은 아래쪽으로 진행된다. 파낸 돌은 입구로 반출되고 기둥과 스투파(탑)가 될 돌은 남겨놓는다. 이렇게 시작한 석굴 파기는 일대에 끝나는 경우가 드물고 2, 3대에 걸쳐서 이뤄지는 것이 보통이라고 한다.

제5굴로 들어갔다. 석굴 안은 마치 광장 같았다. 양옆으로 열 개씩의 우람한 돌기둥이 천장을 받치고 있는데 그것으로 홀 중앙과 측랑(側廊)이 구분되었다. 측랑에는 작은 승방이 몇 개 있다. 나는 승방에 들어가 조용히 눈을 감았다. 이곳에서 수도하였을 옛 스님들의 숨결이 들려오는 듯했다. 잠시 시간을 멈추고 있는 새, 일행이 찾느라고 야단이다. 굴 밖을 나서니 입구에서부터 따라온 아이가 엘로라 사진첩을 들이밀며 간절한 눈빛을 보낸다. 루피가 없다고 하니 생글생글 웃으며 시계와 맞바꾸자고 한다. 가진 돈이 1불뿐이라고 했더니 10불에 5권 하던 책을 몽땅 내민다. 필요한 3권을 받고 1불을 내주었다. 그래도 이문이 남는 건지. 인도의 물가는 굉장히 싸다. 우리 돈 백 원만 주면 바나나를 한 아름 안겨준다.

중천에 뜬 해를 안고 불교 석굴사원의 백미로 꼽히는 아잔타로 향했다.

인도날씨는 일교차가 심하다. 낮엔 30도를 웃돌고 밤에는 영하로 떨어진다. 우리가 이곳에 오기 전에도 수백 명이 얼어 죽었다고 했다. 밤새 나도 얼마나 떨었던지 윗도리만 일곱 개를 껴입었는데 해가 퍼지면서 한두 개씩 벗는 불편을 감수해야 했다.

아잔타 석굴은 조성된 지 천 2백년 만에 발굴되어 세계문화유산으로 지정되었다. 영국군 존 스미스가 사냥 나갔다가 발견했다고 한다. 계곡으로 몰아간 호랑이를 잡을 찰나에 온데간데없어서 두리번거리다 보니, 굴 입구가 어렴풋이 보이더라는 것이다. '아잔타'란 힌두어로 사람이 살지 않는다는 뜻이라고 한다. 발견 당시 계곡이 전부 모래더미에 묻혀 있었고 사람이 살지 않았기 때문에 붙여진 이름이다.

와고라강이 말발굽모양으로 흐르고 그 옆 바위산 중턱에 조성된 아잔타석굴은 보는 이의 눈을 의심케 한다. 규모면에서나 예술성에 있어 세계 최고로 자부할 만했다. 그렇다면 인도인들은 왜 이곳에 석굴을 만들었을까? 불교는 또 언제 이곳에 들어왔을까? 의문이 꼬리를 물었다.

팔리어 역사서에 아쇼카왕(기원전268~232 재위)이 남인도로 전도사를 보냈다는 기록이 있다. 아마도 부처님 입멸 후 스님들은 교역 상인들과 함께 남인도로 내려와 불교를 전파했을 것이다. 남인도에 온 스님들은 처음에는 북서인도에서와 마찬가지로 돌, 벽돌, 나무로 사원을 건립하다가 점차 스님의 수가 많아지고 승단에 귀의하는 신도가 늘자 가츠산맥 구릉에 석굴을 파기 시작했다고 한다. 대체 수백 년에 걸친 대역사의 경비는 어디서 조달했던 것일까? 미술사가들은 당시의 무역상이나 왕족들의 보시가 석굴 조성에 큰 역할을 했다고 본다. 석굴사원 주변에 붙어 있는 상인, 왕족, 귀족 등의 수많은 봉헌자 이름에서 이를 짐작할 수 있다.

아잔타 제일의 차이탸굴(탑 있는 예불당)인 19굴에 들어서는 순간, 숨이 멎는 것 같았다. 찬란한 탑과 전면에 조각된 어마어마한 불입상(佛立像)이 당대의 지극한 불심을 말해주었다. 정교한 조각기둥을 쓰다듬으니 천 년 전, 석공의 손길이 느껴지는 듯했다.

첫째굴이 부처님의 첫 가르침 장면을 조각한 굴이라면 26굴은 부처님 열반상이 조각된 굴이었다. 석굴 정면에 스투파와 좌불상을 두드러지게 안치했다. 눈을 지긋이 내리깔고 있는 모습에서 혈육과도 같은 정이 흐르는 것 같았다. 부처님께 정성껏 삼배를 올리고 열반상이 모셔진 측랑으로 향했다. 머리는 북쪽으로 두고 오른손은 머리 밑에 대고, 왼손은 허벅지에 올린 채 입멸하신 부처님 모습이 낮잠에 드신 것처럼 고요했다. 많은 제자들이 입적한 부처님 앞에서 오열을 토하고 25년간 부처님을 시봉한 아난다 존자가 안절부절못하는 모습이 선명하게 새겨져 있다. 과연 세계 최고의 걸작품이었다. 황홀한 모습을 깊이 새겨두고 싶은 욕심에, 몰래 플래시를 터트리고 말았다. 불상 가까이 가지 못하도록 친 줄을 한국관광객한테는 열어주고 있었다. 유심히 살펴보니 한국 보살들이 공양한, 수북한 불전을 관리인이 잽싸게 챙기고 있었다. 돌아 나오면서 슬쩍 부처님의 얼굴을 올려다 뵈니, '어리석고 어리석다'고 빙긋이 웃는 것만 같았다.

2천년 세월을 감아 쥔 산치대탑

금강산도 식후경이라 했던가. 호텔식당에서 비위에 맞는 죽과 열대 과일로 이른 아침을 들고나니 새로운 힘이 불끈 솟는 것 같다.

산치대탑이 있는 보팔주는 남한 땅의 4배나 되는 드넓은 평원이다. 불탑으로 유명한 산치는 보팔의 북동쪽에 위치한 조그만 시골이다. 평원에 우뚝 솟은 산치탑은 멀리서 보면 마치 거대한 밥사발을 엎어놓은 형상이다. 대탑은 아쇼카왕 때 건립되었는데 후에 슝가시대에 현재의 모습으로 증축되었다고 한다.

스투파(탑)는 본래 유골을 모신 분묘다. 부처님 열반의 길을 적어놓은 『대반열반경』에 의하면 부처님 사리를 8등분해서 탑을 세웠다고 한다. 그런데 현존하고 있는 탑은 3개뿐이다. 원래는 부처님 유골을 수습해서 탑을 세웠으나 후세에 와서 고승들의 모발이나 손톱 등도 숭배 대상이 되어 탑 속에 안치했다.

부처님은 입적하기 전에 '탑 숭배는 재가신자들이 할 일이니 비구는 관여하지 말라'고 했다. 비구는 숭배 대상을 갖지 말고 명상과 수행에만 전념하라는 부처님의 간곡한 바람인 것이다. 비록 부처님이 살아생전 산치를 방문한 적은 없었으나 대탑은 그곳에 지어져 비교적 완벽하게 보존되어 있다. 3기의 스투파 중 부처님 유골을 모셔놓은 제1탑이 제일 크고 장엄하다.

아침 햇살을 받은 탑은 몸 전체로 빛을 발하기 시작했다. 입구에서 북문 쪽으로 길이 나 있기 때문에 자연스레 동서남북 4문 중 북문을 먼저 보게 되었다.

탑문마다 우람한 양쪽 기둥을 연결하는 3개의 가로대들보가 있는데 그 표면에 보리수, 꽃, 새, 코끼리 등 부처님 일대기와 전생 설화가 빼곡하게 조각되어 있다. 생생한 꽃은 향기를 발하고 새들은 금방이라도 창공을 향해 날듯이 보인다. 부처가 있어야 할 곳에 형상을 직접 새기지 않고 보리수나 법륜(法輪), 부처 발을 조각해 놓은 것으로 보아 기원 전 3세기 무렵에는 불상에 대한 신앙이 없었음을 알 수 있다. 불상이 조각된 것은 기원 전 1세기 이후로 추측된다. 횡량을 떠받드는 약시(여성), 약샤(남성)들의 신상(神像) 조각은 그 육감적 볼륨으로 참배객의 가슴을 설레게 한다.

동서남북 4문의 문설주와 횡량에 빈틈없이 들어찬 정교한 조각들은 인도 조각의 우수성을 한눈에 알 수 있게 하였다. 엘로라, 아잔타 석굴이 어둠 속에 묻혀있는 보석이라면 산치대탑조각들은 찬란한 태양 아래서 자태를 유감없이 발휘하는 도도한 금강석처럼 보였다.

정치(精緻)한 조각을 감상하느라 대탑의 전체적인 규모를 놓칠 뻔하였다.

산치 제1탑은 직경 36미터, 높이가 17미터의 거대한 규모였다. 고대 인도 스투파의 전형을 보여주는 제1탑은 원통형의 기단 위에 반구형의 탑신이 있고 그 꼭대기에는 우산 모양의 산개(傘蓋)와 산간(傘竿)이 세워져 있다. 기탑과 탑신이 만나는 중허리에 빙 둘러 오르는 길이 있는데 불자들은 이 길을 돌면서 예배드리게 되어 있다. 조각품을 감상하느라 왁자지껄하던 우리 일행은 요도를 따라 오르다 주춤 발을 멈췄다. 네팔 수행자로 보이는 앳된 비구 넷이 청정한 아침기운을 받으며 속에서 부처의 법열에 빠져 있는 것이었다. 나도 그들과 함께 선정에 잠겼다가 산치 제3탑으로 향했다. 잠시 기도를 드리는 사이 일행은 뿔뿔이 흩어져 보이지 않았다. 혼자 터벅터벅 걸어서 3탑에 이르자 말쑥한 차림의 한국 참배객이 반색하며 인사를 건네 왔다. 강릉에서 온 교사들이라고 자신들 소개를 스스럼없이 덧붙였다. 고향 까마귀만 보아도 반갑다는데 멀리 타국에서 동향인을 만나다니, 반가운 마음에 내민 손을 덥석 움켜쥐었다.

제3탑은 지름이 10미터 정도로 대탑의 4분의 일밖에 되지 않는 소규모 탑이다. 바로 이 탑에서 사리불과 목갈라나의 이름이 새겨진 사리용기가 출토되었다고 한다. 부처가 죽림정사에서 설법을 펼칠 때 귀의한 양대 제자이다. 그 둘은 교단 발전에 지대한 공헌을 했으나 안타깝게도 부처보다 먼저 입적했다. 그 소식을 들은 부처는 매우 비통해 했다고 전해진다. 그래서 부처사리를 봉안한 대탑과 사리풋다, 목갈라나 존자의 사리를 안치한 제3탑은 가까이 있는가 보다. 부처가 수천 년 전의 애제자들을 품고 있는 모습이 여간 다정스럽지 않다. 3탑에는 남문 하나만 남아 있으나 빽빽하게 들어찬 조각들이 제1탑과 다름없이 정교하고 아름답다.

대탑의 서문 아래쪽에 있는 제2탑으로 내려갔다. 계단을 내려가는 발치에 엄청난 크기의 장대석과 돌기둥들이 나뒹굴고 있었다. 그 규모를 짐작컨대 많은 스님들이 수행했던 큰 도량으로 여겨졌다. 그런데 이곳 역시 회교도들에 의해 무자비하게 파괴됐다고 한다. 그들의 신봉대상이 대체 무엇이기에 보존해야 할 문화유산을 이렇게 야만적으로 파괴했단 말인가? 어느 종교든지 맹신적 신앙은 돌이킬 수 없는 참화를 빚어내고 만다. 무너진 돌기둥을 하염없이 쓰다듬다 작은 돌조각 한 개를 손수건으로 싸안았다.

산치 언덕은 탑을 중심으로 수많은 승원이 건립되었기에 인도불교의 흥망성쇠를 증언하는 전시장이라고 해도 과언이 아니다. 기원전 3세기의 아쇼카석주 비문과 기원전 1, 2세기를 전후해 축조된 많은 탑과, 12세기경에 조성된 승원 등의 흔적을 고스란히 간직하고 있다. 기원전 3세기에서 12세기까지의 1천 5백 년 동안 이곳은 불교의 메카였음을 짐작케 한다.

남문과 동문 사이에 서 있는 아쇼카석주(石柱)가 그 옛날 찬란했던 불교문화를 전해주듯 환한 빛을 발하고 있다. 언젠가는 인도 불교의 중흥도 이곳에서 이루어지리라는 막연한 예감을 뒤로하고 아쉬운 걸음을 재촉했다.

태양과 삶이 함께 잦는 강, 갠지스

인도 수도 델리 남쪽 2백킬로미터 지점에 인구 80만 정도의 유서 깊은 도시 아그라가 있다. 아그라에는 타지마할과 무갈제국(16C 중엽)의 3대 황제 아크발에 의해 축조된 아그라 성이 있다. 이 성은 실전에 대비해 이중으로 둘러친 해자(垓字)와 성벽으로 철통같이 지어진 요새이다.

아침 일찍 도착한 탓인지 짙은 안개 속의 8각 망루가 구름 위에 둥둥 떠 있는 것 같았다. 성의 내부구조는 웅장하면서도 섬세하다. 겉은 붉은 사암이고 내부는 대리석을 정교하게 파내고 상감기법으로 현란한 무늬를 새긴 조각이 매우 아름답다. 세계 7대 불가사의 중의 하나인 타지마할에 가려 잘 알려지지는 않았으나 규모 면에서나 예술적 가치로나 그에 못지않다.

아침 햇살이 퍼지자 아무나 강을 따라 멀리 타지마할을 볼 수 있었다. 타지마할은 무갈제국의 5대 황제 샤자한이 열네 번째 아이를 낳다 죽은 왕비를 위해 그 이듬해부터 짓기 시작한 무덤이다. '타지마할'은 그녀의 이름을 딴 '천국의 정원'이란 뜻이다. 멀리 이탈리아에서 흰 대리석을 가져오고 페르시아에서 유명한 석공들을 데려 왔다고 한다. 일주일에 코끼리 천 마리가 동원되어 무려 22년에 걸쳐 완공한 건축이다. 엄청난 인력과 공사비를 안내인이 설명하자 "어쩌면 남편으로부터 그렇게 절절한 사랑을 받아볼 수 있을까?" 모두들 부러운 눈치였다. "죽은 뒤에 무덤 지어주는 남편보다 내 생전 인도기행 주선해 준 우리 처사가 더 고맙다!"고 나도 한마디 거들었다.

국고탕진을 많이 한 샤자한은 결국 아들 손에 의해 아그라성에 감금된다. 그곳에서 8년 동안, 왕비가 묻힌 타지마할을 애처로이 바라보다 생을 마치고 만다. 1층에 안치된 화려한 대리석관은 도굴방지를 위한 가짜 관이고 지하에 아무 장식 없는 관에 시신이 누워있다. 수세기에 걸쳐 세상을 떠들썩하게 한 샤자한 내외는 그곳에서 단돈 2루피에 여행객들을 맞고 있었다.

보름 동안의 인도여행에서 버스나 기차 출발 시간이 한두 시간, 혹은 서너 시간 늦기는 다반사였다. 그런데 제 시간에 출발한 적이 딱 한 번 있었다. 지금도 그 생각을 하면 간담이 서늘해지고 등에서 땀이 흐른다. 아그라성과 타지마할에서 사진촬영을 하느라 시간을 지체한데다 기차역으로 가는 시간이 퇴근시간과 맞물려 여간 곤혹을 치른 것이 아니었다. 설상가상 안개 때문에 차들이 엉켜 꼼짝달싹 못하고 있었다. 동작이 재빠른 현지 가이드가 여러 차례 내려서 다른 차들의 통행정리까지 도맡아 한 덕에 출발시간 임박해서야 역에 도착할 수 있었다. 그런데 그날따라 저녁 8시에 출발하는 기차가 이미 역사에 들어와서 떠날 채비를 하고 있는 것이 아닌가. 힘 쓸 사람은 가이드 둘과 비구니 스님 한 분뿐인데 50개 넘는 트렁크를 출발하는 기차에 싣는 것은 불가능한 일이었다. 다행히 늦깎이 대학산악부 보살이 힘을 쓴 덕분에 라면박스 한 개만 철길에 떨어뜨리고 나머지 짐을 무사히 실을 수 있었다. 반 넘어 남은 여행을 즐겁게 마칠 수 있었던 것도 모두 그 보살 덕이었다. 그날 이후 근력이 대단한 보살을 우리는 알피니스트라고 불렀다.

우리 일행은 북행 중이었기에 밤에는 기온이 급격하게 내려갔다. 기차 안의 2층 침대가 축축해서 스웨터를 겹쳐 입고 그 위에 큼직한 모직 숄을 두르고 나서야 겨우 잠을 청할 수 있었다. 기차여행 닷새째인데도 기차 안에서 밤을 보내는 것은 영 몸에 배지 않았다. 여행 시작할 때 다짐했던 '먹을 수 있을 때 먹고, 잘 수 있을 때 자두자'는 구호도 무색해지는 밤이었다.

부처님 최초 설법지인 녹야원이 있는 바라나시에 새벽 4시 무렵에 도착했다. 불교경전에 나오는 브라흐마 닷타왕이 이곳에 사슴이 살도록 했기 때문에 '사슴의 동산(鹿野苑)'이 되었다고 한다. 녹야원의 상징은 우람한 다메크탑(大法眼塔)이다. 이 탑은 굽타시대(320~650)에 세워진 것으로 높이가 무려 43미터, 기단직경은 36미터에 이른다. 지상 11미터부터는 벽돌을 쌓아올린, 신사모처럼 생긴 전탑이다. 1835년에 탑 안에서 석판 법신게(法身偈)가 발견되었는데 5세기 서각체였다고 한다.

『전법륜경(轉法輪經)』에서는 최초의 설법을 두 가지로 전하고 있다. 하나는 관능이 이끄는 대로 욕망과 쾌락에 빠지는 일이고 다른 하나는 자기 자신을 괴롭히는 고행인데 둘 다 괴롭기만 할 뿐 천하고 무익하기는 마찬가지라고 했다. 부처는 극단적 두 길을 버리고 중도를 찾는 데서 깨달음을 얻을 수 있었는데 이 경지를 열반(나르바나, 해탈(解脫))이라고 한다. 중도(中道)는 불교의 근본사상 중 하나로 여덟 가지 성스러운 길(八正道-正見, 正思, 正語, 正業, 正命, 正精進, 正念, 正定)을 말한다.

이른 아침인데도 탑돌이 하는 참배객이 많다. 잔디에 앉아 시간이 멈춘 듯, 고요히 선정에 잠긴 서양 여인들 모습이 이색적이다. 티베트 단체수행자들이 오체투지로 부처를 섬기는 간곡한 모습에 일행은 걸음을 멈추고 경건한 마음이 되어 기도했다. 경내 곳곳에 허물어진 전각 돌들이 곳곳에 널려있어 세월의 무상함을 느끼게 된다. 안내원이 한 귀퉁이를 가리키며 부처의 최초설법 자리라고 알려주었다. 회교도들에 의해 무참히 짓밟힌 석조기둥 모자이크 문양이 아직도 아름답다. 엄청난 비극을 아는지 모르는지 풀꽃은 그 옆에서 마냥 웃고 있다.

녹야원 뒤편의 사르나트 고고박물관에는 불상을 비롯해 아름다운 조각이 많이 전시돼 있다. 법정스님은 사르나트에 머무는 동안 '설법하는 불상'에 반해 세 차례나 박물관을 찾았다고 한다.

사르나트 남쪽 가까이 있는 바라나시는 세계에서 가장 오래된 도시이다. 순례자들에게는 성지 카시(Kashi - 영적인 빛으로 넘친 도시)로도 알려져 있다. 바라나시는 갠지스(Ganga)를 끼고 발달했다. 불교 경전에 나오는 항하(恒河)도 바로 이 '강가'의 음에서 유래되었다 한다. 히말라야 빙하가 녹아내린 물이 인도 평원을 거쳐 바라나시를 끼고 흐른다. 이것이 갠지스 강이다.

바라나시에는 3천년에 걸쳐 조성된 힌두사원이 천 5백 개 넘게 있다.

우리가 바라나시에 도착한 시각은 땅거미 질 무렵이었다. 주차장은 바글바글한 사람들과 릭샤, 자전거, 인력거, 소, 개 등이 뒤섞여 몹시 혼란스러웠다. 어둠 속에서도 가이드는 재빨리 몸을 움직여 릭샤를 불러 모았다. 둘씩 짝지어 릭샤를 타고 썩은 냄새 진동하는 아수라장을 빠져나와 갠지스 강으로 향했다. 인도에서 가장 보고 싶었던 곳, 그 갠지스를 드디어 보게 되는 것이다.

힌두교신앙은 성스런 강물에 목욕하면 모든 죄가 소멸되고 화장해 강물에 재를 띄우면 윤회의 고통에서 벗어난다고 믿는 것이다. 그래서 힌두교도들은 이 물을 먹고 이 물로 목욕하고 여기서 생을 마치는 것을 최고의 행복으로 생각한다. 한 해에 백만 명 넘는 순례자가 이곳을 찾는다니 가히 그 믿음과 열기를 짐작할 수 있다.

릭샤에서 내려 강가로 가자 멀리 횃불이 보였다. 바로 그것이 시신을 화장시키는 장작불이라고 한다. 역겨운 노린내가 바람에 실려 왔다. 자이나교신전에서는 건장한 젊은이들이 불춤을 추며 예배의식을 진행하고 있었다. 막 잦아드는 해로 강 상류에서부터 강물이 검붉어지고 있다. 멀리 화장터에서 불똥 튀는 소리가 뱃전에까지 들려왔다. 나룻배를 빌려 타고 촛불을 켜들었다. 경건한 기도를 드린 후, 강물에 촛불을 띄워 보냈다. 이승의 죄업을 다 씻고 무구한 몸으로 흙에 돌아가기를 간절히 빌고 또 빌었다. 강기슭으로 건너가 희고 고운 항하의 모래를 두 손 가득 담아 손가락 사이로 흘려보냈다. 그 감촉이 부드럽기 그지없다. 콧잔등이 시큰해지며 눈물이 주르륵 흘러내렸다. 어머니 자궁의 양수에 담겨 있을 때가 이렇게 안온하고 평화로웠던가. 내 존재의 시원(始原)에라도 도달한 듯 어둠 속에서 가늘게 몸이 떨렸다.

최고(古) 종합대학, 나란다

갠지스가 있는 바라나시에서 부처님이 성도하신 부다가야까지의 여정은 참으로 길고도 험난했다. 새벽 4시에 출발해서 땅거미가 완전히 뒤덮은 오후 6시가 되어서야 겨우 도착했으니 말이다. 인도에서 비교적 정확하다는 열차여행을 끝내고, 도로사정이 열악한 버스여행길로 접어들고 보니 이미 각오한 바 있었으나 예상했던 것보다도 훨씬 더 그 길은 험악했다.

간밤의 3시간 남짓의 수면으로 가물가물 몰려오는 졸음을 참고 있을 때, 버스에서 가래 끓는 소리가 나기 시작했다. 우리는 그래도 어떻게 되겠지 하는 한가로운 심정으로 차창 밖의 풍경에 넋을 빠트리고 있는데 가이드가 안내 방송을 해왔다. 엔진이 노후 돼 부속 몇 개를 교체해야 하는데 2시간가량 떨어진 곳에서 구입해 와야 한다는 것이다. 그때만 해도 우리 일행은 넘어진 김에 쉬어 가면 되지 않겠냐고 여유 작작 호기를 부리고 있었다. 차안에서 기다리기 지루해 밖으로 나왔는데 해체된 엔진 부속을 보는 순간 기가 막혔다. 2백 가지도 넘는 부속품을 땅바닥에 흩트려놓고 차를 고치는 기술자라곤 기사와 열댓 살 가량의 앳된 아이뿐이었다. 과연 저 숱한 부속들을 제자리에 도로 꿰맞출 수나 있을는지 슬그머니 걱정이 되었다. 주변에서 인디언들의 사는 모습을 카메라에 담으며 3시간여를 기다린 끝에 무사히 출발하게 됐을 때, 우리는 박수로써 새로운 출발을 자축했다. 한편으로는 꾀죄죄한 어린아이라고 얕보았던 나의 편견이 부끄럽기도 하였다. 기실 기름때 묻은 부속품을 자신의 옷자락으로 열심히 문지르는 성실함을 보고는 가슴이 뭉클했었다.

대보리사(大菩提寺)의 대탑은 기원전 3세기 아쇼카왕이 부처님 성도(成道)의 자리를 기념하기 위해 세운 탑이다. 한때는 힌두사원으로 바뀌었다가 회교도의 침입으로 황폐해져 오랫동안 모래와 정글에 묻혀 있던 것인데 1861년, 영국의 커닝햄에 의해 세상에 널리 알려지게 되었다.

4각 4면의 높이 52미터의 대탑은 위쪽으로 갈수록 좁아진 형태로 굽타 왕조의 위풍을 당당하게 드러내고 있다. 탑 바로 뒤에 있는 보리수 밑에서 수행자 싯다르타가 성도하여 부처가 되었다.

29세에 출가하여 6년 동안 극단적인 고행을 하던 싯다르타는 '육체를 괴롭히면서가 아니라 도리어 체력을 선용함으로써 궁극적인 목표에 도달할 수 있지 않을까'라는 생각을 하게 된다. 그 날부터 단식을 그만두고 마을 처녀인 수자타가 공양한 우유죽을 먹고 기력을 회복한다. 오랜만에 음식을 들고나서 싯다르타는 나이자란 강에서 몸을 깨끗하게 씻고 강가 언덕에 있는 무성한 보리수나무 아래 풀을 깔고 앉는다. 그리고 맹세한다.

"여기 이 자리에서 내 몸은 말라빠져도 좋다. 어느 세상에서도 얻기 어려운 바른 깨달음에 이르기 전에는 이 자리에서 결코 일어서지 않으리라."

2천 5백 년 전 그때의 그 자리에 그 손자뻘 된다는 보리수가 무성한 가지를 펼치고 있다. 그 자리를 기념해 장방형 대리석에 연꽃무늬가 새겨진 금강보좌가 놓여있다. 그리고 그 앞 대탑의 감실에 불타 석가모니의 성도상(成道像)이 안치되어 있다. 보리수는 뽕나무과에 속하는 상록활엽교목이다. 본래 이름은 핍팔라 혹은 아슈바타인데 부처님이 그 나무 아래서 보리(bodhi, 道)를 이루었다고 해서 보리수가 된 것이다.

감실이 있는 탑 안에 들어가기 전에 계단 밑에서 신발을 벗었다. 인도의 전통적인 관습에 따라 성소에서는 반드시 신발을 벗어야 한다.

5륜(빨강, 노랑, 파랑, 흰색, 오렌지)의 표시가 곳곳에 있는데 부처님이 법열에 빠졌을 때 다섯 색깔의 영롱한 빛이 난 것에서 유래한다고 한다.

탑 내부의 법당은 참배객들의 열기와 향 연기로 자욱하고 법당 뒤쪽에 있는 보리수 아래도 참배객이 끊이지 않았다. 특히 티베트의 스님과 신자들이 온몸을 땅에 대고 하는 오체투지의 예배는 우리들의 들뜬 마음을 숙연하게 만들었다. 우리도 부처님이 성도하신 보리수 아래서 백팔 배로 간절히 예배를 올렸다.

항상 일만 명 이상 모여 공부한 나란다대학은 굽타왕조의 두 번째 왕인 쿠마리굽타 1세(415~454)가 창건한 사찰이다. 그 후 역대 왕들의 보호로 점차적으로 확장되어 631년 당나라 현장스님이 그곳을 방문했을 때는 많은 승원과 탑, 예불당이 긴 외벽으로 둘러싸여 거대한 사원으로 변해 있었다. 중앙의 정원을 중심으로 사방에 승원을 거느린 당시 학문의 거대한 센터 역할을 한 것이다.

「대당서역기」에 의하면 '나란다'는 '시무염(施無厭, 하염없이 베푼다)'이란 뜻이다. 인도의 가람 수가 천만 개나 되지만 장엄, 숭고, 수려함에 있어 나란다 사원을 따라올 사찰이 없었다고 한다. 나란다대학 강의 과목은 불교뿐만 아니라 속전이나 베다 등의 책과 인명(因明), 성명(聲明), 의방(醫方), 술수(術數)에 이르기까지 모든 학문을 총망라하여 연구했다. 나란다 대학에 입학하려면 대학에서 벌어지는 논의(論議) 마당을 통과하여야 하는데 그 논제가 워낙 까다로워 유학하러 온 젊은 학자 10명 중 7, 8명은 통과되지 못해 되돌아갔다고 한다. 당나라 의정스님(635~713, 나란다에서 10년 수학)의 『대당서역구법고승전』에 이름이 나오는 신라스님 아리야발마(70세)와 혜업스님(60세)도 끝내 귀국하지 못하고 나란다 사원에서 구도자의 생을 마감했다고 한다.

『대당대자은사삼장법사전』에는 이런 구절이 있다.

덕을 갖춘 대중들이 사는 곳이라서 엄숙했고, 건립된 지 7백 년이나 되었으나 한 사람의 범죄자도 없었다. 국왕도 흠모하고 중히 여겨 일백여 읍(邑)을 희사하여 공양에 이바지하였다. 읍의 2백 호로부터 매일 갱미(粳米)와 우유 수백 섬씩을 진상 받아, 학인들은 의복, 음식, 잠자리, 여가 등에 자족하고 예업(藝業)을 성취할 수 있었으니 모두 장원의 힘이다.

교통과 통신이 발달된 시대도 아닌 당시에 나란다는 벌써 국제적으로 이름이 나서 중국은 말할 것도 없고, 신라, 티베트, 몽골 심지어 남방의 여러 불교국가들의 젊은이들이 유학을 왔다.

나란다승원 유적 역시 1861년에 커닝햄이 현장스님의 『대당서역기』를 토대로 발견하였고 1916년이 되어서야 비로소 발굴을 시작할 수 있었다. 지금까지 발굴된 면적만 해도 대략 4만 6천여 평에 동서 250미터, 남북 610미터의 방대한 규모이다.

12세기 회교도들의 침입으로 무참하게 살해되었던 수도승들의 흔적이 목이 댕강댕강 달아나버린 수많은 불상에 고스란히 남아 있었다. 인걸은 온데간데없고 핏빛의 부겐빌리아만이 고대의 영욕을 증언이라도 하는 듯, 붉디붉게 타오르고 있었다.

일본, 아직은 두려움이 앞서는 땅

초파일을 낀 여행 일정을 방송국의 김PD가 알려왔을 때는 마음이 썩 내키지 않았다. 지차이긴 하지만 결혼 후 20년 동안 한 번도 빠진 적이 없는 시아버님 제사와 겹쳤기 때문이다.

알차게 짠 답사지와 동행이 좋아서 꼭 갔으면 한다는 간곡한 나의 부탁에 남편은 의외로 수긋했다. 배려가 고맙기도 하고 미안하기도 하여 그동안의 살림살이 공로가 인정받을 만한가 보다고 너스레를 떨며 가방을 꾸렸다.

김해공항에서 만난 김PD, 성교수, 하시인, 김시인 등은 수학여행 떠나는 소년들처럼 한껏 들떠 있었다.

관서 국제공항까지는 1시간 20분가량 걸린다는 예고를 들으며 창가 쪽으로 자리를 옮겼다. 하늘이 구름 한 점 없이 맑아 부챗살처럼 퍼져 있는 낙동강 지류와 개미집 같이 복닥거리는 시가지가 한눈에 들어왔다. 이렇게 몇 천 미터 떨어진 상공에서 아래세상을 내려다보면 속이 확 트이는 것 같다. 아등바등 하찮은 일에 실랑이를 하며 사는 일이 참으로 부질없다는 것을 깨닫게 된다.

한창, 일본인들이 독도에 흑심을 품고 있을 때라 문학의 해 3·1절 행사도 독도 해상에서 치른 기억이 생생한데, 과연 그들이 탐낼 만큼 일본 땅은 지척에 있었다.

조부로부터 일본인들의 간교함을 경계해야한다는 것을 숱하게 듣고 자라온 영향인지, 내게서는 지금껏 '일본인'보다 '일본놈'이라는 소리가 더 자연스럽게 흘러나온다. 업무차, 수시로 일본을 들락거리는 남편은 다녀올 때마다 심기가 불편해 있었다. 패망 후, 그들이 허리띠 졸라매고 사력을 다할 때 우리는 기술개발은 뒷전이고 이권다툼으로 허송세월만 보냈다고 한탄을 해댔다. 귀에 못이 박히도록 들은 항일 정서 때문인지 일본 땅을 딛고 싶은 마음은 전혀 없었다.

그러나 적을 알고 나를 알면 백전백승이라고 하였던가. 일본 땅이 보이자 부르르 치솟았던 반일 감정이 잦아들며 2차 대전 패전 후, 폐허를 딛고 빠른 성장을 이룬 그들의 비결이 무엇인가를 캐어보고 싶었다.

이천육 백 엔으로 세계에서 제일 공항세가 비싸다는 관서 국제공항에 도착했다. 공항 내에서 운행하는 셔틀버스 대신 전동차를 바로 탈 수 있었다. 나중에 깨달은 것이지만 관서공항은 기존의 오사카공항과는 달리 바다를 메워 지었기에 지상에서 몇 미터 떨어진 공중누각인 셈이었다. 마치 거대한 항공모함처럼 유유히 바다 위에 떠 있는 관서공항은 경제력과 기술력을 통합한 일본의 자존심이라고 일컬어도 될 법했다. 우리의 영종도 신공항도 건립 중에 있으나 기술과 경제력이 미비해서 아직껏 우왕좌왕 공사의 진척이 없는 것이 참으로 안타까웠다.

일본인의 정신적 지주는 사무라이이다. 무사들이 칼을 뽑기 편하도록 교통도 좌측통행이라고 한다. 일본인들은 목숨만큼 무사정신을 소중히 여긴다. 한 항공회사에서는 기내식을 먹고 식중독을 일으킨 승객에게 환불은 물론이고 사죄하는 뜻으로 해외여행까지 시켜주고도 자사의 명예 실추를 책임지고 사장이 할복자살했다는 말을 들으며 그들의 책임감에 가슴이 섬뜩해졌다.

시가지는 작고 좁지만 깨끗하다. 정돈이 안 된 곳은 한 구석도 없다. 아무 볼 일 없이 떼를 지어 왁자지껄 밀려다니는 무리도 보이지 않는다. 넥타이를 맨 양복차림의 신사가 자전거 바구니에 서류봉투를 넣고 더러 지나가고, 검소한 옷차림의 주부가 시장바구니를 매달고 역시 자전거 페달을 힘껏 밟고 지나갈 뿐, 얼핏 보면 주거인이 없는 도시처럼 시내는 적막하기까지 하다.

퇴근시간이 가까워 수백 미터씩 차가 줄지어 기다려도 경적소리 한 번 울리지 않는다. 그들만의 질서를 알아차리는 데는 그다지 오랜 시간이 걸리지 않았다.

여행 이틀 째, 교토에 있는 이조성을 답사했다. 1603년 덕천 초대장군 가강이 교토성의 수호와 지방에서 오는 무사들 숙소용으로 짓기 시작해서 1626년에 완공한 건물이다. 면적이 3천 3백 평방미터, 방의 수만도 30칸이 넘는다. 건축, 회화, 조각 등이 종합적으로 이루어져 모모야마시대 건축양식의 전모를 볼 수 있는 곳이다. 비중 있는 문화재로서의 가치 때문인지 소학생과 중, 고등학생들이 수학여행 코스로 줄을 잇고 있었다.

짧은 반바지와 하얀 와이셔츠를 단정하게 입은, 아직 눈가에 장난기가 철철 흐르는 또래이련만 문화유적을 참관하는 태도는 진지하기 짝이 없었다. 몇 백 명이 움직이는 데도 잡담 하나 들리지 않고, 메모하며 질서 있게 견학하는 모습에 일본의 저력을 보는 것 같아 가슴이 서늘해져 왔다. 오히려 한눈을 팔던 나와 맞부딪치게 된 한 어린 학생은 반사적으로 돌아서서 죄송하다고 깍듯이 고개를 숙였다. 이 예절, 질서, 친절이 일본을 일으켜 세운 무서운 힘임을 깨닫는 데는 그다지 많은 시간이 필요치 않았다. 아, 우리의 아이들도 이런 아이들과 경쟁상대가 되려면 근본부터 제대로 가르쳐야한다는 다짐을 굳게 하는 순간이었다.

오사카성은 가는 날이 장날이라고 보수공사가 한창이었다. 허탕 친 관광객을 위한 배려인 듯, 극사실화로 축소시킨 성의 모습을 공사현장에서 볼 수 있었다. 이런 섬세한 상혼은 관광 적자국인 우리가 배워야 할 부분이었다.

일본인들의 빈틈 없는 정신에 주눅이 들어 용심이 부글거릴 즈음, 오사카미술관 앞에서 '이조시대 자수와 보자기전' 현수막을 발견한 일행은 구세주라도 만난 양 반가워서 어쩔 줄 몰라 했다. 국내에서도 보기 드문, 조선시대의 희귀한 자수 작품을 이곳에서 만나다니. 우리 문화의 찬란함에 찬탄이 절로 나왔다. 돌복이나 관복흉배 등에 놓인 수문양이 섬세하기가 이를 데 없고 수실색깔의 환상적인 조화와, 조각보의 황금분할 등은 조형예술의 극치로 보여 졌다. 현대인들이 아무리 발버둥이쳐도 다다르지 못할, 천상의 솜씨로만 느껴졌다. 전시회장을 빠져나오는데, 위대한 유산을 남긴 섬섬옥수의 여인들이 못내 그리워지는 것이었다.

그간, 뒤처졌다는 생각으로 심사가 편치 않았는데 우리 조상들로 인해 속이 얼마간은 풀린 것 같았다. 예술에 관한한 일본은 아직 어림없다는 생각에 자긍심이 차올랐다. (1995년)

앙코르 와트에도 해가 지고, 해가 뜨고

앙코르 와트의 일출을 보기 위해 새벽 4시에 일어났다. '앙코르'라는 명칭은 산스크리트어로 도시를 의미한다고 한다. 우주의 중심으로 상징되는 메루산을 사원 중앙에 5개의 첨탑으로 조성하고 사면에 회랑을 둘렀다. 사원을 빙 둘러 수로를 파서 우주의 바다를 상징하는 해자를 만들었다.

사원 입구에 다다랐을 때 사위가 희끄무레하게 밝아왔다. 그러자 부겐빌리아 꽃이 거대한 나무줄기를 칭칭 감아 올라간 것이 보인다. 그 모습이 황홀한 불꽃놀이를 연상하게 한다. 며칠 전의 직지사 관응 스님 다비식이 불현듯 떠올랐다. 삶과 죽음의 양면성은 이곳에서도 극명하게 드러났다. 해자 양쪽으로 융단처럼 펼쳐진 연록의 잡풀이 기억을 거슬러 유년의 강으로 인도했다. 어쩌면 시원의 세계로 향하는 통로일 수도 있겠다는 막연한 생각을 해본다.

비슈누 신을 상징하는, 일곱 개의 머리를 가진 대형 코브라로 난간을 장식하였는데 하나도 온전한 것이 없다. 해자를 건너가는 다리 주위로 육중한 코브라 머리 돌들이 허망하게 뒹굴고 있다. 지금 한창 보수를 하고 있으나 과연 얼마나 옛 모습대로 살려낼 수 있을는지 걱정이다.

검은 조각이 빼곡하게 새겨져 있는 건축물 위에 각양각색의 인종들이 따개비처럼 엉겨붙어 허망한 세월을 더 보태고 있다. 일출을 보기 위한 행렬은 끊임없이 이어지고 그들의 얼굴 위에는 자신의 생에 대한 애착이 비장하게 서려있다.

동서남북으로 이어진 회랑 벽에는 힌두교의 설화와 경전, 앙코르 시대의 전승기록 등이 무려 2백 미터에 걸쳐 섬세한 부조로 되어 있다. 가슴을 바싹 조이는 현란한 무늬에 어지러워 정원을 향한 창으로 눈을 돌린다. 첩첩이 이어진 문틀이 내가 지나온, 아니 앞으로 통과해야 할 관문처럼 아득하게만 느껴진다.

중앙의 탑 속에 모신 와불 앞에서 도저히 경건한 참배를 드릴 수 없다. 퀴퀴한 냄새와 괴기스러운 분위기에 자신을 수습하기조차 힘들다.

인간의 힘으로 조성했다고는 도저히 믿어지지 않는 이 거대한 건축물 앞에서 미미한 내 존재가 후욱 불면 흙먼지로 날아가 버릴 것 같은 불안감에 휩싸인다. 혹여 어느 인연의 한 모퉁이에서 이 돌을 밟고 지나가지는 않았었을까…. 인간의 위대함에 저절로 고개가 수그러든다. 그렇다. 사람이 태어나서 하루하루 살아나가는 것 자체가 어쩌면 끊임없이 자신을 닦아가는 과정이 아닐는지. 수도자도, 그저 평범한 생활인도 이름 없이 피어있는 풀꽃조차도 생명의 무게는 같을 것이다.

마치 세상을 다 안다는 듯이 한 곳을 응시하고 있는 개들의 평화로운 모습을 보며 나는 자꾸 부끄러워져 몸을 움츠린다. 미물의 자태가 얼마나 초연한지….

크메르인도 신과의 소통을 위해 하늘로 계단을 놓았을까. 수직에 가깝도록 가파르게 솟아있는 계단 앞에서 아득한 현기증이 인다. 힐끗 뒤를 돌아본 것이 잘못이었다. 그 죄가 너무나도 컸다. 여태껏 아등바등 살아왔던 내 평생이 까마득한 계단 밑으로 흔적도 없이 와르르 무너져 내릴 것만 같은 조바심으로 숨이 멎고 다리가 와들와들 떨려온다. 어렵게 오른 계단 위의 세상이 한눈에 드러났다. 회랑을 돌고 돈다. 사방으로 열린 기둥마다 문양이 빽빽하다. 쓰다듬고 또 쓰다듬어 본다. 손끝에서 느껴지는 이 아련한 감촉. 문양에도 모세혈관이 있는 듯 석공들의 숨결이 번져온다. 아, 나도 한 이름 없는 석공이었을까. 이처럼 섬세한 무늬 앞에서는 어김없이 손끝이 파르르 떨리는 것을 보면.

회랑을 돌고 돌아 도달한 곳에 프랑스 청년이 가부좌를 틀고 앉아 스케치 삼매에 빠져 있다. 오히려 불상보다도 더 밝은 빛이 청년의 온몸에서 퍼져 나오고 있다. 곁에서 소외되어 무료함을 달래고 있는 그의 애인이 왠지 애잔하게 느껴졌다. 위대한 조각품에 빠져 혼신의 힘을 쏟고 있는 청년의 모습이 석양에 눈부시다.

傷痕과 悔恨과 그리고 昇華

- 수필집 『시간의 켜』를 중심으로

김열규
(문학평론가. 부경대학교 석좌교수)

1) 천착하는 시각

수필은 일인칭의 글이다. 글 쓰는 이만의 글, 나 혼자만의 글이다. 그래서 수필은 주체성의 글이다. 오로지 나 혼자만의 눈으로 본 세상, 다만 나 스스로 감촉한 사물 그리고 나만이 들을 수 있었던 소리로 수필은 이루어진다.

이것은 수필이 결코 남을 나 몰라라 한다는 것은 아니다. 수필의 주체성은 남들과 더불어 있고 사물과 함께 어울린다. 수필의 주체성은 세계와 공존한다. 한 동아리가 된다.

남들은 또 다른 나일 수 있고 나는 또 다른 남일 수 있는 '연대의 세계', 그래서 나와 남이 담도 울도 없이 서로 편하게 수월하게 넘나들 수 있는 '월장(越牆)의 세계', 거기에 수필이 있다.

하지만 수필 쓰는 이는 남에게 영영 묻혀버리거나 바깥 존재들에 자신을 내주거나 하는 일은 결코 없다. 남들을 더불은다 해도 그 더불음이 있고서야 비로소 일구어질 나만의 소리를 세상에 메아리지게 한다. 세상과 더 넓게 더 깊게 어울리는 것으로 수필의 주체성은 보다 더 큰 울림을 울릴 것이다.

이렇듯이 수필이 갖춘 주체성은 그리고 일인칭은 당연히 글 쓰는 이의 몸 둘레에 마음 쓰게 한다. 지척에 있는 것, 앉은 자리에서 손 뻗으면 덥석, 악수로 호응해 올 그런 물건가지들에서 수필은 시작한다. 일상 생활주변, 나날의 목숨살이 둘레야말로 수필의 세계다. 그것들은 수필자료의 보고(寶庫)다.

따라서 수필을 말할 때, '신변(身邊)'은 거의 필수적이다. 다만 잡(雜)자가 붙어서는 안 된다. 수필은 '신변기(身邊記)'이게 해야지 '신변잡기(身邊雜記)'로 전락시켜서는 안 된다. 죄는 신변에 있는 게 아니다. 중죄는 잡에 있다.

한데 참 묘한 것은 신변기인 수필로 말미암아서 신변의 잡물들이 멀쩡한 귀물이 된다는 사실이다. 이것이야말로 수필이 신변(身邊)을 두고 행하는 일종의 신변(神變)이다.

너무 흔한 나머지, 어디서나 쉽게 볼 수 있어서, 아무데나 언제나 가까이 있어서 그저 그렇고 그런 것들이야 말로 일상적인 것들이다. 잡물, 잡것들이라고 부를 밖에 없는 것이 태반이다. 그런 게 생활주변의 것들이다. 수도꼭지가 그렇고 손지갑이 그렇고 숟갈이 또한 그렇다. 그러기에 이들은 우리들 시선이 통과하는 대상일 뿐이다. 스쳐 지나고 보고도 못 본 척, 안 본 척 해버리기 일쑤인 것들이다.

그것들은 무시(無視)의 대상이고 심하면 망각의 대상이 된다. 눈앞에 두고도 망실한 것과 다를 바 없게 된다. 우리들은 보통, 그런 '현전(現前)하는 망각대상'에 둘러 싸여 있다.

그러기에 우리들 삶은, 일상에서는 없어진 것이나 다를 바 없는 것들 서리에서 꾸려나가지고 있다. 있으나마나한 것들, 그런 것으로 우리들 하루하루의 일상생활이 영위된다. 한데 바로 이 같은 사물들의 사막에서 또 현상들의 황무지에서 수필이 영위된다.

그래서 사물들은 느닷없이 새 모습으로 살아난다. 현상들은 갱생하게 된다. 여태껏 사물의 황무지였던 곳이 옥토로 바뀌고 더불어서 인간 감각과 정서와 사고가 발랄하게 생기를 띠게 된다. 신변은 문전옥답이 되고 푸르디푸른 초원이 된다.

따라서 신변은 수필에서 둘도 없는 텃밭이다.

'몸, 책읽기, 영화보기, 음악듣기, 잠자리에 눕기, 소나무, 전나무, 소철, 공작선인장, 돌, 유자차, 누드 드로잉….'

이들은 모두 한후남 님의 수필에 등장하는 물목이다. 더러는 제목으로 택해진 것, 더러는 주제를 이루고 있는 것, 더러는 삽입된 화제 노릇을 하는 것, 그런 것들의 목록이다.

이런 신변 또는 신변의 것들을 두고 한후남 님도 신변기를 그녀 자신의 주체성이 실린 일인칭으로 쓰고 있다. 말하자면 수필의 대도를 걸어가고 있다. 이건 어김없는 사실이다.

하지만 여기에 멈추어 있지는 않다. 그것들에 일인칭의 시각을 던지고 주체성 반짝이는 시선을 모으고 있다. 그 뻔한 것들이 주목의 대상, 관찰의 대상으로 홀연 부상하고 있다. 생활인들의 시야 바깥으로 흐려져 있던 것들에 덩두렷하게 초점이 모아지고 있다.

탐색하고 발굴하는가 하면 수탐해서는 천착하고 있다. 드디어 그 모든 것은 의미가 되고 그걸로 모두 환골탈태하게 된다.

그러기에 그 시각은 여간 촘촘하고 깐깐한 게 아니다. '눈독을 들이다'는 말은 흔히들 별로 좋게 안 쓰이지만, 한후남 님의 사물의 관찰을 두고는 굳이 그 말에 담아서 그 부리부리한 눈길을 표현하고 싶다. 그것도 칭송하는데 쓰고 싶다.

> 저녁노을을 품은 능선이 내가 건너 온 무수한 시간의 켜처럼 느껴졌다. 나직한 능선은 무난하게 넘어왔을 평화로운 시간일 테고, 가파른 봉우리에서는 힘에 겨워 더러는 포기하고 주저앉았을 것이다.
>
> -「시간의 켜」 중에서

이렇듯이 저녁노을에 저물어가는 산은 그 모습 그 의미가 켜로 또 켜켜로 갈라지고 따져지고 하는 것이지만, 그런 시력과 시각은 다른 것을 볼 때도 관찰할 때도 변함없다.

> 살풀이를 출 때 객석에서는 숨소리조차 잦아들었다. 춤사위마다 미세한 신경 조직이 퍼져 있지 않나 하는 착각이 들 정도로 처연한 몸짓이었다. 병신춤을 보고 있노라면 처음에는 그 뒤틀리고 이지러진 얼굴 표정과 몸짓에 웃음이 나온다. 그러나 이내 익살의 꺼풀이 벗겨지며 웃음이 스러지게 된다. 웃음 바탕에 배어 있는 뼈저린 한이 그녀의 춤사위를 통해 어느덧 관객의 의식을 지배하기 때문이다.
>
> -「몸」 중에서

면밀하다. 억척같다. 줄기차고 끈질기다.

한후남 님의 이같은 천착의 시각, 파고드는 눈길은 여성문제에서 한결 더 민감해지고 또 예리해진다.

2) 소철과 소소의 여인상

한후남 수필가가 삶을 대하는 고뇌, 아픔 그리고 그것에서 생겨 난

상흔은 필경 여성에게로 돌아간다. 아니 거기 귀향하고 거기 순례의 발길을 돌린다. 이에서 한후남 님의 페미니즘이 비롯된다.

그녀는 나의 여고2년 선배다. 가정 형편상 어릴 때부터 가계를 이끌어가야 했다. … 중략 … 가정의 아픈 상처를 딛고 꿋꿋하게 가장 노릇을 잘 하던 그녀에게 또 한 번의 좌절이 왔다. 대학 졸업 무렵 단짝이던 친구가 병이 나서 같이 병원에 갔다가 외려 자신의 병이 발견되었고 또 그로 인해 오랜 기간 치료를 받았고 수술도 여러 번 하는 등 어려움을 겪었다.

-「가슴으로 부르는 노래」 중에서

뒤틀린 소철분을 볼 때마다 얼굴을 돌려 격앙된 마음을 애써 진정시키려 하지만 끝내, 꽃잎처럼 스러져 간 소녀의 얼굴을 떠올리고 마는 것이다.

-「공작선인장」 중에서

내 침대 머리에는 누드 드로잉 한 점이 걸려 있다. 목을 외로 꼬고 등을 비스듬히 보이며 누워있는 여인의 뒷모습 그림이다. 앙상한 어깨가 가볍게 달싹이는 걸로 보아 하루가 매우 고단했던 모양이다. 앞모습을 바로 볼 수 없으나 가녀린 등의 선으로 미루어 모딜리아니의 여인처럼 소소한 바람이 묻어나는 얼굴일 것이라고 짐작하고 있다.

-「몸」 중에서

이처럼 한후남 님의 글에는 자주 자주 여성들이 등장하고 있다. 글쓰는 여성으로서는 무엇 별난 일이 아니지 않느냐고 흘려버릴 수도 있을 것이다. 하지만 사실은 그렇지 않다. 만만찮은 속내의 사연이 있는 것이다.

글에 등장하는 여성들은 대개가 무엇인가 심각한 마음의 상흔을 지니고 있는 것으로 한후남 님 자신에게 비친 것으로 보아도 좋을 것 같다. 상흔이라지만 그건 에누리 없이 모두 '트라우마', 곧 외부에서 칼날을 들이대고 창끝을 찍어서 낸 심리의 상처다.

> 멋없이 민숭한 줄기 몇 개를 다른 식물 한 귀퉁이에 꽂아 주어 시큰둥하게 받아 와서는 분갈이도 하지 않고 두었는데 보라는 듯이 당당하게 꽃을 피운 것이다.
>
> 작년에 나온 소철 잎을 바라보면 나는 명치끝이 아려서 가슴을 움켜쥔다. 이른 봄, 소철분을 유리창 곁에 바싹 붙여 놓았더니 새 잎이 나오면서 온전하게 잎을 펼칠 공간이 부족했었나 보다. 소철은 무서운 생명력으로 제 몸을 추슬러 기형의 나선형잎을 밀어 올리지 않았는가.
>
> -「공작선인장」 중에서

이 소철은 애처롭게도 버려지다시피 다루어진 것이다. 남들에 얹혀서 서글프게 옮겨진 것이다. 버려진 곁다리다. 차지한 자리도 자리라고 할 만한 게 아니다. 무엇인가의 곁에 바싹 죄어진 '붙임살이' 아니면 더부살이 하는 게 고작이다. 전세는커녕 월세도 못될 곁방살이나 문간방 살이 신세가 고작이다. 언제 어느 때, 느닷없이 강제철거나 퇴거를 당할지 모른다.

그런 소외의 상황, 무시당하는 역경 속에서 소철이 지닌 신세, 그나마 몸꼴이란 것도 말이 아니다. 뒤틀리고 기형의 나선형으로 비틀어지고 또 휘어져 있다. 소외된 기형, 그게 소철이다.

한데 한후남 님은 하필 이 소철에서 한 소녀의 죽음을 연상하고 있다. 그 둘 사이에 무엇인가 인연이 꼬이고 사연이 비비꼬이고 있다는 것을 짐작해도 좋을 것이다. 소외가 여성 존재론이라면 그것에 겹친 왜곡(歪曲)은 여성의 형상 바로 그것이다. 그리고 이 소철의 아픔은 공옥진 여사에게로도 번져 간다. 그리고 드디어는 여성 육신 전부에게로 옮겨져 간다.

그러기에 소녀만을 두고 이 대목의 주제를 말해서는 안 된다. 온 여성이라고는 말 못하지만, 적어도 상당수의 여성이 갖춘, 아니 여성에게 떠넘겨진 '여성성(女性性)'이라고 이름 지어서 부를 수 있는 이 땅 여성의 여성다운 처지가 소철의 몰골에 비쳐져 있을 지도 모르기 때문이다. 여성이 꽃이라 해도 한후남 님에게 비친 여성 꽃은 소철과 선인장의 꽃일 가능성이 매우 크다.

한데 '소철의 여인상' 말고도 또 다른 여인상이 한후남 님에 의해서 빚어지고 또 그려진다. 그것은 어려서 목숨을 스스로 끊는 여자 아이의 모습이다. 이에서 여성은 꽃이라고 해도 제대로 피지 못하는 꽃, 아니면 피다 마는 꽃이다. 아니면 노래하는 그녀의 선배 가수처럼 상처입고 피는 꽃이다. 그러기에 한후남 님의 꽃빛은 피멍 자국일지도 모른다. 이 스스로 목숨 끊고 요절한 소녀는 소철 여인의 최후의 운명일지도 모를 일이다.

작품 '몸'에서 그려진 여성은 '소소' 하다고 했다. 한데 이 소소라는 낱말은 여간 성가신 게 아니다. 한자로 쓰자면 疎疎, 疏疏 말고도 騷騷, 蕭蕭, 瀟瀟, 게다가 또 少少, 昭昭… 이게 모두 소소로 읽힌다. 모두 국어사전에 올라 있다.

'성기다, 소란하다, 바람비 소리가 쓸쓸하다, 비바람이 거칠게 치다, 자질구레하다, 환하다 등등.' 앞에서부터 차례를 좇아서 풀이하자면 이지경이 된다. 참으로 소연(騷然)한 말이다.

작가는 무얼 골라잡은 것일까? 일부러 시의 의미론에서 시어(詩語) 또는 시적인 표현의 색다른 특성으로 일컫고 있는 그 '다양성' 또는 '모호성'을 일부러 노린 것인지도 모른다.

하지만, 소소 바로 뒤에 바람이 이어져 있는 것을 보면 아무래도 여러 소소 가운데서도 簫簫의 발언권이 제일 클 것 같다. 서럽게 울리는 바람 소리가 다름 아닌 이 소소이기 때문이다. 하지만 다른 소소들의 발언권을 영영 빼앗을 수는 없다.

또 다른 瀟瀟를 겹쳐도 무방할 것이다. 비바람 소리 비창한 것이 바로 이 소소기 때문이다. 물론 踈踈와 疏疏를 세 겹 네 겹으로 또다시 겹쳐도 괜찮을 것이다. 텅빈 듯한 경지, 외따로 나앉은 상황 그런 게 이들 두 가지 소소이기 때문이다.

그처럼 얽쳐진 결과 소소는 고독과 소외와 처절과 비감을 겸하게 된다. 그게 모두 한후남 님 침대 머리에 걸린 화폭 속의 여인이다. 그러기에 여기서 우리들은 '소철의 여인상'에다 '소소의 여인상'을 곱해서 한후남 님의 여성상을 말할 수 있게 된다.

그처럼 소철의 여인과 소소의 여인이 겹친 여인상을 다음 대목에서 읽어내기는 결코 어렵지 않다.

> 보름달이 너른 뜨락을 훤히 비추는 밤, 뒤뜰의 배꽃잎이 사운대는 소리에도 그녀는 잠 못들고 뒤척이고 있었다. 결혼 초부터 노름질에 여색에 날 새는 줄 모르는 남편은 아예 발걸음을 끊고 있었다. 깊은 밤, 남편이 없는 너른 집은 한층 더 휑뎅그렁하고 뒷간에 가려 댓돌에 내려섰던 그녀는 괴괴하게 내려앉은 달빛에 처절하게 몸을 떨었다.
>
> -「못다운 울음」 중에서

3) 페미니즘의 정상에서

한데 이 같은 여성상은 한후남 님의 자화상과 어느 정도 겹쳐진다.

> 하루를 마감하고 잠자리에 들며 나는 (그림 속의)여인의 고단한 숨소리를 들으며 숙연해져 나의 하루를 되돌아보곤 한다. 편안한 잠자리에

몸을 뉠 만큼 나의 육체는 하루치의 노동에 충실했는가 하고, 이상스럽게도 나는 생명 없는 그림에서 끊임없이 여인의 곤고(困苦)한 삶을 읽어내며 명치끝이 싸아해지는 것이다.

－「몸」 중에서(*인용문 속의 괄호안은 필자가 덧붙인 것임)

앞에서 소소하다고 한 그 화폭 속 여인의 곤고함이 명치끝의 통렬한 오한이 되어서 필자에게로 감염되어 있다. 화폭 속의 여인과 그녀를 바라보고 있는 현실의 침대에 누운 여성 사이에는 교감이 오고 가고 있다.

이것이 일종의 육신의 교감이라면, 몸과 몸의 응신(應身)이라면 한후남 님에게 그것은 아주 드문 것은 아니다.

오래 묵은 나의 왜소한 몸에 대한 열등감을 일시에 씻어낸 공연이 있었다. 생명주 한복을 곱게 입은 공옥진이 5척이 채 안 되는 작은 몸으로 무대를 휩쓸고 다닌 모습은 가히 장관이었다. … 중략 … 웃음 바탕에 배어있는 뼈저린 한이 그녀의 춤사위를 통해 어느덧 관객의 의식을 지배하기 때문이다. －「몸」 중에서

이렇듯이 누드 드로잉의 여인의 몸에 교감한 한후남 님은 한 무용인의 춤사위며 그 몸과도 교응하고 있다. 이것은 적어도 한후남 페미니즘의 일부, 그나마 중요한 일부가 여성의 육신, 여성의 몸에 모아지고 있음에 대해서 시사하게 될 것이다.

남편의 그것과 똑같이 생긴 그것을/ 본 저녁은 별 하나 없는,/ 하늘이 나뭇잎 위에 내려앉고 있었다/ 때로는 불뚝불뚝 일어서서 스러지는 그것/ 내가 그의 어머니가 되고, 아내가 되어/ 축축한 아랫도리를/ 쓸어 올려 드린 적도 있었지. 아마

－「시간의 켜」 속에 인용된, 조연향 님의 '그것을 보다'에서

이에서 마침내 여성의 육신론은 읽는 이들을 경악케 만든다. 치매에 걸린 시아버지의 똥오줌 치다꺼리를 해낸 한 여류시인의 이 작품 구절을 놀라움 없이 대하기는 어렵다. 누구나 악연(愕然)해질 것이다. '그것'이란 말할 것도 없이 '사내 물건'이라고들 하는 남근이다. 그나마 치매에 시달리고 있는 시부(媤父)의 남근이다. 이 시에서 남성들의 욕망 그 자체가 아예 치매로 저지르는 똥오줌 싸기에 견주어져 있을 가능성은 결코 적질 않다. 막무가내인 게 전통적인 한국사회에서 사내들이 여성들 상대로 발산시킨 욕망이다.

마구대고 싸대기로는 치매 환자의 똥오줌이나 사내들의 사정(射精)행위나 크게 다르지 않았을지도 모른다. 배설이나 사정이나 그저 그게 그거였던 게 아닌지 모르겠다. 그러는 중에도 그것을 '쓸어 올려 드려서,' 기가 살게 해 주는 일이 여성의 성역할이었을지도 모른다. 남근이 끝내 힘이고 권역이 되게 하되, 마침내는 여성을 짓누르는 폭력이 되게 올려주고 도와주는 것이 이 땅 여성의 주된 성역할이었다는 것을 이 시는 적어도 부분적으로 눈짓하고 있다. 그런 배설의 주역에게 여인들은 어머니로서 또는 아내로서 다만 이바지 해 왔다는 것을 이 여성 시인은 뼈저리게 느끼고 있다. 그 인식은 '나뭇잎에 내려앉고 있는 별 하나 없는 밤 하늘' 같은 의식의 심연에 며느리를 빠뜨렸던 것이다.

한데 수필 쓴 이의 마음의 거울에 투영된 이들 여성상, 그나마 트라우마의 이미지가 바로 글쓴이 자신의 몫으로 진맥되고 또 진찰되어 있는 듯한 낌새를 은근히 풍기고 있다고 하면 그건 과민 탓일까? 그리고 그 여성상의 전형 중의 전형으로 치매에 걸린 시아비의 그것을 쓸어 올리는 며느리를 이 여성 수필가는 내보이고 있는 것은 아닐까?

그도 그럴 것이 한후남 님은 전신불수이다시피 한 시아버지의 똥오줌 수발을 들던 친정어머니를 이 시를 읽으면서 연상하고 있기 때문이다. 한 여성 시인과 친정어머니의 삶의 역정의 연장선상에서 한후남 님은 스스로를 되살피고 있을 가능성은 없는 것일까?

이에 대한 최종적인 해답은 보류하기로 한다. 하지만 한 가지 확실한 것이 있다. 그것은 한후남 님이 그의 집안과, 가까운 이웃과 우연히 알게 된 사람을 통틀어서 그리고 관중으로 또는 관객으로서 만나게 된 인물들, 더 나아가서는 인간사회에서 겪게 되는 사람들을 모두 망라해서 여성의 한과 트라우마를 집요하게 추적하고 있다는 것. 그것은 단언해도 좋을 것이다. 하지만 그렇게 해서 관찰하고 천착해 낸 상흔을 상흔인 채로 회한을 회한인 채로 머물러 있게 하지는 않았다.

그 통한의 씨앗들에서 무슨 꽃이 피어났는가를 면밀히 살펴내고 있다. 그로 해서 상흔과 회한이 드디어 승화하여 간 역정을 그 자취를 추적하고 있다. 아니면 최소한 꽃들이 피어날 가능성을 타진하고 있다. 이래서 한후남 님은 여성들의 텃밭을 위한 정원사요. 원예사(園藝師)구실을 이 수필집에서 해내고 있다. 이 수필집은 그래서 꾸며진, 여성들을 위한 꽃밭이라 이름지어도 좋을 것이다.

오늘날의 페미니즘에서 팔루스, 곧 남근론이 갖는 비중은 매우 크다. 포스트모더니즘 이론의 주역의 하나인 페미니즘은 아랑곳도 않은 채, 눈여겨보는 일도 없이, 오직 자신의 주변사를 통해서 페미니즘의 중핵에 선뜻 올라선 한후남 님 수필에 경의를 표하면서 이 글을 마감하고 싶다.

시간의 켜

2005년 12월 15일 초판 인쇄
2005년 12월 20일 초판 발행
2023년 06월 30일 재판 발행(개정판)

지은이 / 한후남

발행인 / 강병욱
발행처 / 도서출판 교음사
편 집 / 월간 수필문학 편집부

03147 서울 종로구 삼일대로 457 수운회관 1308호
Tel (02) 737-7081, 739-7879(Fax)
e-mail : gyoeum@daum.net
등록 / 제2007-000052호

* 잘못된 책은 바꿔 드립니다. 값 12,000원

ISBN 978-89-7814-931-0 (03810)

* 이 책은 한국문화예술위원회의 창작지원금을 받아 제작하였습니다.